吴中耆宿

张一麐文献展

曹俊 主编

古吴轩出版社
中国·苏州

编委会

钱轶颖　王　晨　高　翔　陈伊功

潘振元　陈其弟　夏　冰　徐苏君

薛　懿　荀　慧　刘　学　陆玉芳

楼炎青

目录

001　曹　俊　一蓑烟雨任平生
004　张一麐生平记略
009　郭沫若　两次哭先生（节选）
013　毛羽满　记苏垣爱国耆绅张仲仁先生（节选）
015　张一澧　张一麐小传（节选）

017　少承庭诰　服习儒书
027　古红梅阁
051　倦鸟知还　服务桑梓
089　誓歼丑虏　折角批鳞

110　潘振元　张一麐先生的生平与书法艺术
124　陈其弟　张一麐与苏州地方志
132　夏　冰　张一麐与1921年江苏省议会议员选举

一蓑烟雨任平生

景行维贤，瞻前励后。苏州现存最古老的古典园林沧浪亭内建有五百名贤祠，刻有五百九十四位道德、才学、忠义俱佳的名贤像。名贤祠廊柱上撰有清两江总督陶澍亲书对联："千百年名世同堂，俎豆馨香，因果不从罗汉证；廿四史先贤合传，文章事业，英灵端自让王开。"苏州历代名士辈出，灿若星辰。挂危定倾而无负于家国如张一麐先生，乃具"奇节伟行"之名贤，慷慨趋义、大节凛然，不可湮没。

张公名一麐（1868—1943），字仲仁，号公绂，别署民傭、大圜居士、红梅阁主，江苏吴县（今苏州）人。清光绪十一年（1885）举人，清光绪二十九年（1903），仲老卷列经济特科第一，终中式第二名以知县补用，入北洋幕府。民国之初，仲老历任总统府政事堂机要局局长、内阁教育总长等职，位居要津。1916年，仲老不满袁氏称帝而辞官归乡。里居乡里，仲老热心苏州文化教育等公共事业，安地方、利民生，高山仰照。民间尊仲老之贤达硕德，誉之为"影子市长"。

《左传·襄公二十四年》曰："太上有立德，其次有立功，其次有立言，虽久不废，此之谓不朽。"这是中国古代士人孜孜以求之最高理想。

谈到"立德"，仲老刚正渊默，大德敦化，素有一士谔谔之风。仲老屡屡谏阻洪宪帝制闹剧，北洋军人举枪威胁之，夜间投弹私邸恐吓之。仲老屹然处之，挂印归去，退隐林泉。"八一三"淞沪抗战爆发，仲老振臂高呼，救伤兵助难民，开设医院二十四所，救治伤兵达五六万，收容难民十余万。日寇侵占苏州，仲老易僧服隐居穹隆寺，在民众掩护下从容间道至香港。仲老忠国贞固之气、浩然不屈之节、举重若轻之度，令人神往。

关于"立功"，仲老奔走乡邦建设，造福桑梓，乐此不疲。仲老鼎力支持文化教育事业，担任苏州美专、东吴大学、振华女校等校校董，悉心指导各级学校建设。仲老倡导营建集图书馆、文物陈列室、亭池花木和休憩设施为一体的苏州公园，其中喷水池延请颜文樑先生设计。后于1927年落成开放，全城雀跃。仲老致力赓续文脉，重振文化自信，以期"救亡图存"。仲老倡导"吴中文献展"并为之题写展名。展览于1937年"七七"事变前问世，集苏州公立和私立收藏之大成，向公众展出文物书画典籍六千余件，盛况空前。这既彰显了苏州历史文化之璀璨夺目，亦远远早于始创于1955年的德国卡塞尔文献展，在世界文化史上留下独一无二之绚烂印记。仲老创设吴中保墓会，保护地方文化遗迹免受兵祸及盗掘。仲老重视方志编修，亲任《吴县志》总纂并为之作序。仲老重组红十字会吴县分会，组织捐赈灾害，救灾民于危难之间。

至于"立言"，仲老一生治学孜孜不倦，博古通今，自成体系。著有《心太平室集》《现代兵事集》《古红梅阁笔记》等，其中多半为忧国忧民，闪耀着中华文化独一无二的智慧、气度、神韵之佳篇，体大精深，至为可佩。

　　岁月不居，德劭永存。恰逢仲老诞辰一百五十周年，蒙仲老嫡孙万安先生不弃，委托我馆主办仲老文献展，提供仲老所用之珍贵物品用于展陈，感激至深！自去年始，兢兢业业搜集整理相关文献资料，夜以继日，付出种种努力，小心翼翼重构仲老的斐然功绩。仲老之风，山高水长。虽只能在零散的文字和稀少的相片中，窥见仲老言谈神貌，却总有历历如新、泱泱隽永之感。梳理史料、筹备展览过程中，亦沐浴仲老光辉，更增添文化自信和自豪。余生虽晚，对仲老的崇敬弥深。"吴中耆宿——张一麐文献展"终在苏州美术馆开幕，配套书籍也已付梓，好似我也入读紫阳书院，考了优评，甘之如饴。

"竹杖芒鞋轻胜马，谁怕？一蓑烟雨任平生。"先贤如仲老者，言行风范足为后世法，昭垂不朽。囿于学识肤浅，更兼我笔力局限，难免篇幅长短不一、记录巨细靡遗、文字艰涩鲁钝、叙述一鳞半爪，不足以反映仲老伟业事功之全貌，殊自愧也。追思先贤，弦歌相续。惟有尽心尽力、精益求精，堪以告慰。敬祈各界朋友鉴察，幸甚！

曹俊

苏州市公共文化中心主任、副研究馆员
苏州美术馆馆长
苏州市名人馆馆长

张一麐生平记略

1868年　1月22日,出生(农历丁卯年十二月二十八日)。父亲张是彝,字秉之,号韶笙,光绪六年(1880)进士,后授正定县知县。母亲吴氏。

1878年　考中秀才。

1882年　江南乡试中第二名副贡。
追随在保定监守朝鲜大院君的父亲,北上入燕。

1885年　顺天乡试中举人,列第十名。

1886年　春,参加会试,与南通张謇同一号舍,落榜。
是年秋,在苏州完婚。

1889年　春,参加会试,再次落榜。

1894年　春,参加会试,三次落榜。

1897年　回苏州后,与章钰、孔昭晋等在旧学前文丞相祠创设"苏学会"。

1898年　春,戊戌会试,因姐夫夏润枝为考官需避嫌而未参加考试。
5月回苏。

1900年　10月下旬,受同乡吴郁生之邀,从上海乘船,腊月十九抵成都,任学政幕僚。

1902年　9月,离开成都。

1903年　再次因回避考官而未参加会试。闰五月十六日应试经济特科,列

　　　　　　一等二名。后以知县分到直隶。
1905年　　任编纂官制局编纂员。
1906年　　10月，随袁世凯到彰德幕府，观看阅兵式后回天津。
1907年　　随袁世凯进京。
1908年　　回苏。
1910年　　至彰德洹上村见袁世凯，推荐到江苏巡抚程德全幕府。
1911年　　与张謇联名上书。参与策划江苏独立后，任内务司长。
1912年　　出任总统府秘书厅秘书。
1914年　　5月，出任"机要局局长"。
1915年　　9月10日，因反对袁世凯称帝被恐吓，毫不惧怕。
　　　　　　10月初，拜访徐世昌后劝谏袁世凯，五日后调离机要局，出任教育总长。
1916年　　年初，住天津日租界马家楼。同年赴日本。
　　　　　　3月22日，草拟《撤销帝制令》。
1917年　　7月，受聘为总统府秘书长。
1918年　　10月，辞总统府秘书长。
　　　　　　受聘为高等顾问。

1919年	2月20日，出任"和平期成会"副会长。
	4月21日，出任"国语统一筹备会"（1928年后改"国语统一筹备委员会"）会长。
	与庄思缄创办"故都讲经会"。
1920年	与张謇创办"苏社"，5月12日在南通举行第一次年会暨成立大会。
1921年	上半年，代熊希龄主持香山慈幼院。
	7月，出任第三届江苏省议会议员。秋天回苏，受到地方各界人士之欢迎，在虎丘合影。
	9月，与蒋方震、张绍曾等主持召开庐山国是会议。
1922年	3月，受邀为《最近之五十年——申报馆五十周年纪念》撰写《五十年来国事丛谈》。
	5月，出席上海国是会议，发表评论。
	6月，退居故乡苏州。
1923年	与张謇成立"江浙和平协会"。
1924年	9月，与宋铭勋在苏州公园重组中国红十字会吴县分会。
1925年	10月，在北寺塔举办讲经会。
1926年	夏初，积极参与第一次国共合作。

1927年	被东吴大学颁予法律博士荣誉学位。
1929年	向庚午济贫会捐款一千元,创办吴县救济院盲哑学校。
1931年	2月21日、22日,创办善人桥农村试验区,与李根源、胡春藻等被推举为筹备员,兴办教育、改良农业。
	3月17日,出席善人桥农村改进委员会第一次会议,被公推为主席委员。
	主持《吴县志》编纂并撰写序言。
	与李根源继续组织吴中保墓会,并任全国古物保管委员会江苏分会副主任。
	与李根源等创办《斗报周刊》,宣传抗日爱国。
	12月,与章太炎、黄炎培等组建国难救济会。
1932年	与李根源等主持将"一·二八"抗战中牺牲烈士遗骨埋葬于善人桥马岗山。
	夏,与李根源、陈石遗、金松岑等人发起成立中国国学会,敦请章太炎主持讲学。
	8月,正式成立善人桥农村试验区。
1936年	与李根源等爱国人士多方奔走营救"七君子",为沈钧儒的具

保人。

1937年　9月中旬，在苏州会见郭沫若。

11月，苏州沦陷前，为疏散数千伤兵、万余灾民，不顾多人劝阻执意留在苏州，在穹窿山协商成立国际救济会，为华人会长。

苏州沦陷后，不降志、不辱身，易僧服脱身。先后辗转至上海、香港、汉口等地。

1938年　4月，在上海避难期间，与孙筹成等邀集江浙两省寓沪知名人士，发起成立江浙旅沪同乡会。

7月，受聘国民参政会参政员。

1939年　秋，在香港成立香港新文字学会，与蔡元培等倡导教育普及。

1941年　11月，国民参政会第二届第二次会议。

11月26日，为三子张为鼎举办婚礼，名流悉数到场。

1943年　10月24日晨8时45分，于重庆清水溪疗养院病逝。

两次哭先生（节选）

郭沫若

我认识仲仁先生是在抗战以后，民国二十六年（1937）七月二十七日回沪，"八一三"沪战爆发，九月中旬我往南京，路过苏州，未经任何人的介绍，我找着一位识路的朋友便去叩访仲仁先生。

先生的公馆所在处的巷名我不能记忆了，进门后隔着一带窄窄的天井，便是一间很宽广的大厅，两旁壁次还陈列着插在木架上的很多长方形衔牌，朱红金字，所标识的不用说都是先生以前的官历。沿着街缘右走，被人引进一道墙上开着的弓形侧门，便又走进了一座院落中，庭中有花木种植，正对着中庭的一间小花厅，似乎就是先生的外书斋了。我被引了进去，室中书籍甚多，屏息就座，不一会先生就出来了。谈过些什么话语，我已经不能记忆，只记得谈到过诗上来，先生把他当时咏沪战的新作已经油印好了的送了一份给我，后来曾在上海《救亡日报》上逐次发表过。

书斋的内部呈曲尺形，在弯向左侧的一部分陈着先生的书案，上面还放着一张新写好的小条幅，是临的苏东坡的诗"天际乌云含雨重，楼头红日照山明。嵩阳居士今何在，青眼观人万里情"，我说过可惜来得的仓卒，没有备些纸头来请求墨宝，先生便很慷慨地把这张纸给了我。这条幅我还寄存在上海，没有带出，想来总不至于纷失吧！

这是我第一次拜访先生，三十年

（1941）我五十初度的时候，先生有四首诗送我，第一首便记述这件事：

不素嘉宾远道来，故乡三径为君开。雄谈惊座吟肩耸，始识金台有郭隗。（"八一三"前君访我于苏城。）

足见先生把我拜见他的事情是留在记忆里的。我在当时究竟放肆的作过些什么雄谈，先生或记忆，但我实在丝毫也不记忆了。只是注中的"'八一三'前"应作"'八一三'后"，想系先生一时笔误吧！

上海成为孤岛后，在十一月廿七日，我离沪赴香港，接着又由香港到广州，在那儿计划《救亡日报》的复刊，终于结果实现了。就在那时候，我听到一个谣传，说日寇进迫苏州时，仲仁先生预先换上僧服向山里躲避

了，后来为日寇侦得要逼他下山担任伪职，下山竟跳井自尽了。这谣传是有充分的真实性的，因为以先生的高龄，不易避出是情理中的事。

所以我便和好些人一样都把这个谣传信以为真了，我哭过先生，我还做了一篇文章来追悼先生，登在《救亡日报》广州复刊版的第二号上，这文章我是剪存下来了的，一时放遗失了。

我这样生祭过先生一次，自然也被先生知道了，后来"七七"周年纪念在武汉开大会的时候，我们请先生致开会辞，他在大会台上见到我，谈到我生祭他的事，彼此大笑，先生赠我的第二首诗是记的这件事：

寇至谣传井有仁，东坡海外谏

文陈。汉皋再晤惟狂笑,离乱余生意倍亲。(苏城陷后有投井之谣,君于《救亡日报》大为扼腕,至汉皋后相遇大笑。)

这时完全是记实,但在当天相遇大笑之后,因为开会的时间有点龃龉,不知道为了要等什么人或什么事,我已经不记忆了。先生很着急,因为在相差不远的时刻先生还要参政会上去致辞,算好如期开了会,没有耽误到先生的日程。在先生着急的时候,给我的印象最深,平常已经是炯炯的两眼更加显得星圆而有芒,面色在童颜之上更加红潮,充分显示着先生负责任、重时间的性格。

先生赠我的诗还有两首,虽然和我们交往的事迹没有什么直接的关系,我也把他来抄录在这儿,以表示先生奖励后进的风谊:

陪都小住未班荆,海外时闻木铎声。有雀南飞传吉语,遥飞一盏祝长庚。

香岛栖迟得柳州,林宗著作费搜求。何当还我河山日,更布雷音遍九州。

做这诗时,先生寓居香港,诗中的"柳州"指的是柳亚子先生。亚子先生喜搜藏近人著作,与一般的搜藏家专喜唐钞宋刻的不同,因此我的作品也就在被搜求之列了。亚子先生同样对于我有厚爱,当时香港友人赠我的祝序便是亚子先生所做,并由他亲自写就的。而仲仁先生在诗里面竟比我为郭隗、为苏轼、为李白、为郭泰,更进而宏我以木铎、以雷音,在先生那样耿直的性格,我不敢认为是纯出于藻饰,我感觉着先生所期许我的过高过大,实在有点惶恐。当然我也愿意接受先生对于我的勉励,我愿意把先生的期许作为悬的努力,鞭策自己,即使尽毕生之力不能达到,总要求其接近一些。

后来我还有机会会见过先生几次,有一次是三十年(1941)十一月吧,先生的次公子在陪都结婚,我亲自送了一轴条幅去表示贺意。先生住在交通银行,我听说先生晨起甚早,我是六点钟去的,先生果然已经起床了。

先生一生,我相信别无遗憾,所遗憾的或许就和陆剑南一样伤心不见九州同的一点吧!这是我们后继者的责任,总要人够加紧团结,迅速还我河山,才能对得起我们的长者。我算两次哭了先生,但就在这第二次上,我依然坚信着先生是活着的。

记苏垣爱国耆绅张仲仁先生（节选）

毛羽满

公元1929年（民国十八年），笔者时主吴县市乡报笔政。因费仲深先生之介绍，始谒前教育总长张仲仁先生于里邸。先生奖掖后进，不弃愚蒙。知笔者家寒，无力购书，许措邺架所藏，以供阅读。日月不居，去今五十三载。追维杖履，寻绎话言，非侍座便谈于吴殿直巷之古红梅阁，即在北局之青年会与吴苑深处。虽祁寒盛暑，未尝不追于先生之左右。先生绮岁才华，暮年气节，奔走国事，宏济时艰。邑有兵灾莫不倚先生之调护而得全。故当世奉为钜人长德，皆尊之曰仲老而不名。

先生于笔者提携至再，尝委笔者为吴县修志局特约撰述及善人桥新村文书干事。"九一八"沈阳事变后，复合办斗报局刊，主张抗战救亡。且招笔者养疴于穹窿山宁邦寺之壮哉楼，达三月之久。

先生于1938年春赴港转抵武汉。任国民参政会主席团员。1943年殁于重庆之清水溪。笔者尝赋七律二首以哭之。

衰年病肺滞江村，客里何人侍寝门。
后世是知尊晚节，此时未必肯归魂。
国民参政推前席，桑梓安盛系片言。
叹息东南正气尽，哭公不独为私恩。
穹窿山上月如眉，犹记驱车送别时，
再出原为天下计，高龄不顾一身私。
亲明聚首汉皋日，子弟抄传蜀道诗。
苦忆虎邱联版语，点头顽石亦慈悲。

去岁，有以先生签名保国会为慊，故撰此文。述先生之生平，以谂邦人。谓之续列宾客之嘉言录可,谓之继襄阳耆之传,亦无不可。

吾吴山水秀丽,物产丰饶。骚人墨客,指不胜屈。夙有东南文化古城之称。至于科举由状元而官宰辅者,代有其人,然惟宋之范仲淹,庶足为国史生色,乡乘增光。仲老虽官教育总长,洁身率属。故洪宪称帝之际。无一教育界中人列名于劝进表上。归里以后,卖文为生,衣食寒俭,类似村儒。至于军阀混战,奔走弭兵,外交丧权,挺身反对,置生死祸福于度外。范仲淹为秀才时,即以天下为己任。又曰"不为良相即为良医"。瘝痌在抱视人疾苦,犹疢痌在于已躬。先生建议组织老子军亦以小范老子自比,以视明之王鏊、申时行辈,虽中鼎甲,官首辅,不过广田宅,置姬妾,厚自丰殖,以财产遗其子孙而已。于主持正义,意态坚定,以范仲淹之心为心者。千载而下,仲老不愧为范仲淹之乡人。

1982年秋

张一麐小传（节选）

张一澧

张一麐，字仲仁，公绂、民傭，皆其别号也。幼呼曰卯生，有神童之誉。年十二入泮，十四应秋试，中副车。其父是彝，以进士用知县，分省直隶。仲仁随侍北行，改北闱，中第十名经魁，与张南通李伯行等为同年。适伯行之父文忠公开府北洋，仲仁以年家子往谒，备询家世。时慈禧太后预朝政，阅仲仁履历，知为直隶知县张是彝之子。偶语文忠，返北洋，立传是彝，委署保定府正定县缺。正定以冲繁难称，而是彝宅心仁厚，有逆伦案，例须知县监斩，是彝对之挥泪，因不乐居官。然听鼓日久，愿负累累，不能去。仲仁得在官廨发愤读书，兼课其弟一鹏。

未二年，是彝以事忤府尊，去官返里，旋病殁。仲仁遂丁忧，就馆于盘关汪氏，汪瑞闿、汪上元皆其及门也。复就馆于凤凰街陆氏、严衙前张氏，文名鹊起，其修脯者无弗裕。过紫阳、正谊、平江三书院试文，仲仁辄前列，月得膏火及馆穀可三四十元。其兄一夔力不足以赡家，家事无大小，悉取决于仲仁。然必承其母吴太夫人意旨而行，无一事敢自专，孝友殆性成焉。尝应其房师孔祥麟召，至湖北学幕阅文，以惊悸致疾，得其友吴希玉力任调治，始获痊。元配顾氏病弱，屡产多不育，因劝纳一妾。迨顾氏殁，犹怅怅若有所失，则笃于伉俪情焉。仲仁课弟一鹏至严，一鹏入泮，始令就婚方氏。成婚才数月，令入学古堂读书，复时考察其文字。

乡闱报捷至，亲族皆为一鹏荣，仲仁方以骄盈为戒。甲午以后，康、梁倡新学，预备废科举。云搏设开智书室于观前大街，立小学于唐家巷。云搏者，一鹏之字也，仲仁始呼其乳名曰壬生，至是见其交游日广，呼为云搏。兄弟二人，更就唐家巷发起一"苏学会"，广购书报，备入会者随时取阅。一时知名士若章钰、孔昭晋、汪荣宝、裴熙琳、祝秉纲、邱公恪等，咸预其事。

少承庭诰　服习儒书

先生名一麐，字仲仁，初字峥角，号公绂，别署民傭、红梅阁主。江苏吴县（今江苏苏州）人，北宋横渠公之后。越十世，明代张让四迁居江苏吴江，为苏州张氏始祖，至十六世仲仁先生。公生于清同治六年（1868），幼颖异，被誉为神童，十二岁入县学为诸生。光绪壬午（1882）中江南乡试副贡，乙酉（1885）顺天乡试举人，文名溢吴下。在苏州创立苏学会，宣扬知识革新。癸卯（1903）中经济特科，名列一等二名。

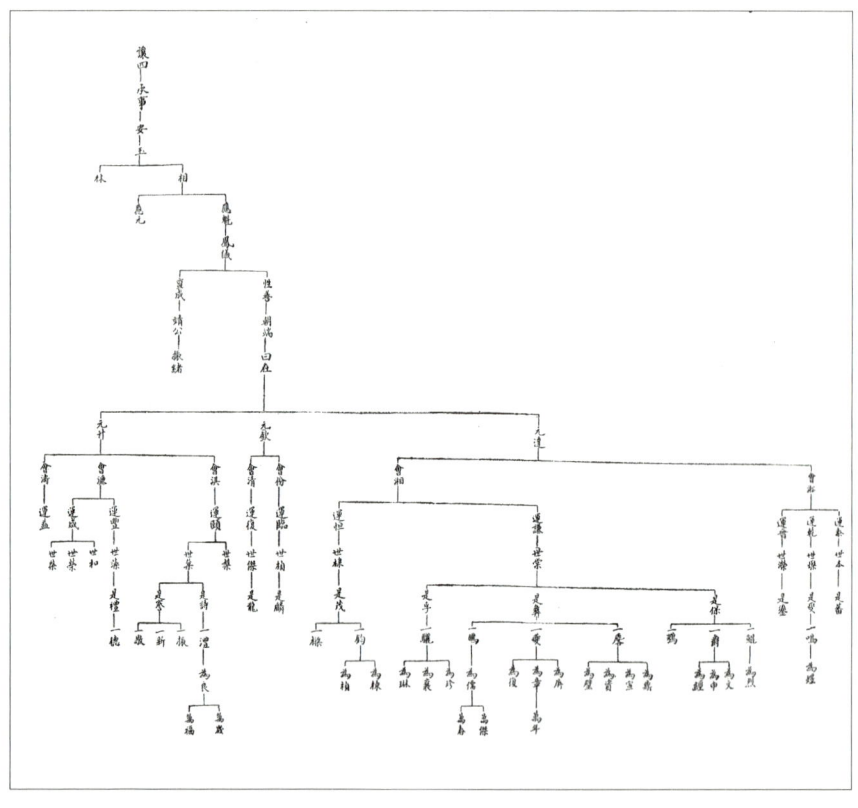

张氏谱系图

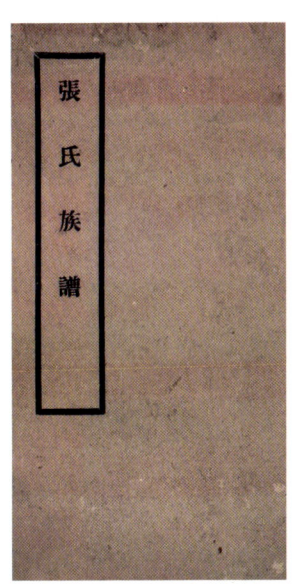

《张氏族谱》 上海著易堂排印
27cm×15.5cm 1928年
（张万安先生提供）

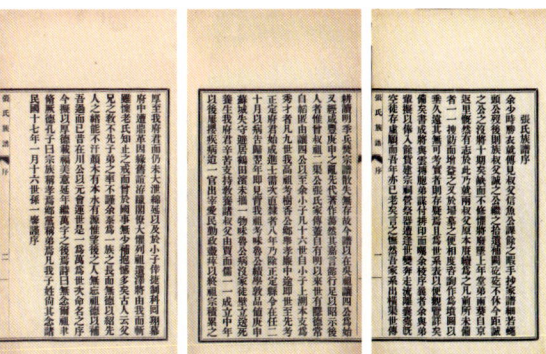

《张氏族谱》序 张一麐
27cm×15.5cm

《张氏族谱》序手稿 张一麐
24cm×16cm

张氏一族，系出横梁，越十世，明代张让四迁居江苏吴江，为苏州张氏始祖，至十六世张一麐。

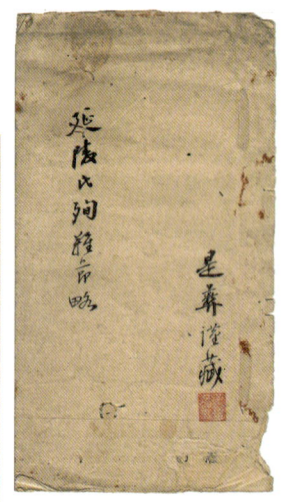

《延陵氏殉难节略》
25cm×14cm
（张万安先生提供）

张一麐父亲张是彝藏本，记吴本翰在庚申之变中殉难经过。

张是彝（1834—1889），字秉之，号韶笙、潮生。苏州府长洲县人，同治十二年（1873）癸酉科举人，光绪六年（1880）庚辰科进士。光绪十三年（1887）授正定县知县。

张一麐
青年时期

壬午江南乡试张一麐朱卷
25cm×18cm　1882年

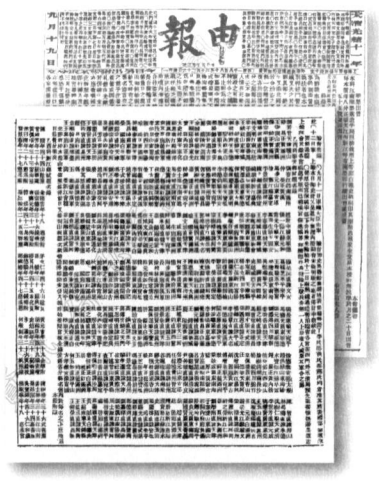

乙酉科顺天乡试题名录
《申报》1885年10月26日

上谕录要 经济特科
《万国公报》第一百七十六卷 1903年

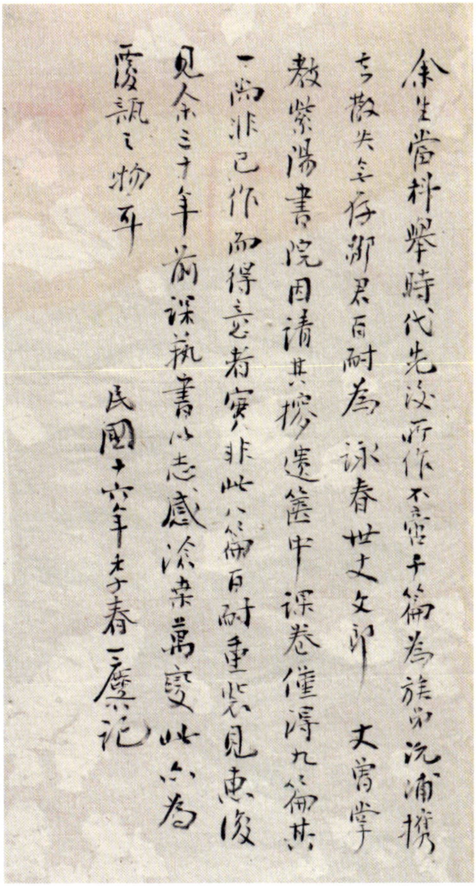

《张一麐紫阳书院会课稿》
（张万安先生提供）

民国十六年（1927）记三十三年前在紫阳书院所作会课稿，点评人为书院掌教邹福保。

余生当科举时代先後所作不啻千篇为旅尚沉浦携去散失无存郡君百耐为咏春世丈文邱大常掌教紫阳书院因请其搜遗箧中课卷仅得九篇朱一帅非巳作而得意者实非此几篇百耐重装见示见余三十年前课艺书以志感涂亲万变此心为霎飘之物耳

民国十六年丁卯春三麐记

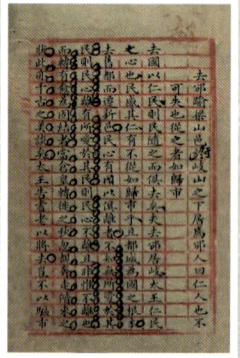

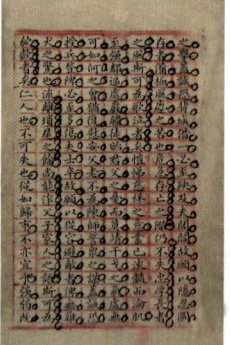

张一麐会课稿
23cm×15cm

 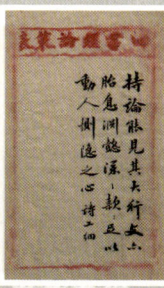 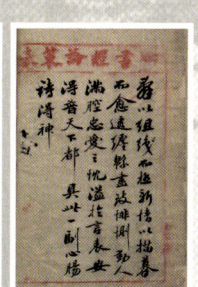
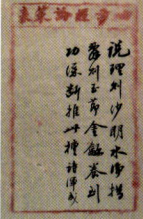  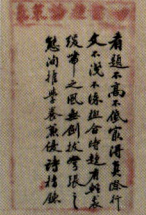 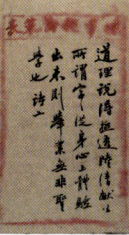 

邹福保点评
23cm × 15cm

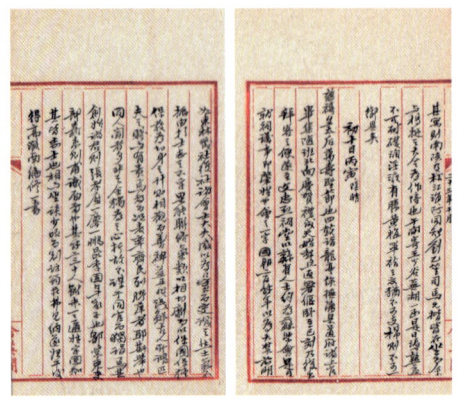

李超琼日记
25cm×15cm 1897 年 10 月 10 日
（藏于苏州工业园区档案馆）

苏学会公启 《时务报》第三十三册
21cm×15cm 1897 年

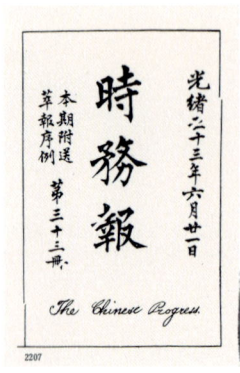

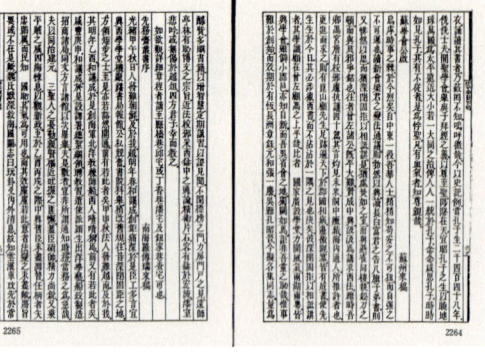

1897年，在元和县令李超琼的支持下，张一麐与章钰、孔昭晋等在旧学前文丞相祠创设"苏学会"，从上海购置地学、算学、农商、格致等书籍，讲习西学。

古红梅阁

先生居住于古城内吴殿直巷,为宋代吴感所建红梅阁旧地,故其住所名曰"古红梅阁"。先生年耆而硕德,与当时名士多有笔墨往来:同为"吴中二老"的李根源,"吴中二仲"的费仲深,亦有近代书圣于右任,教育家蔡元培、黄炎培、陶行知,法学家马洗繁,金融家浦拯东,军事家杨杰等。

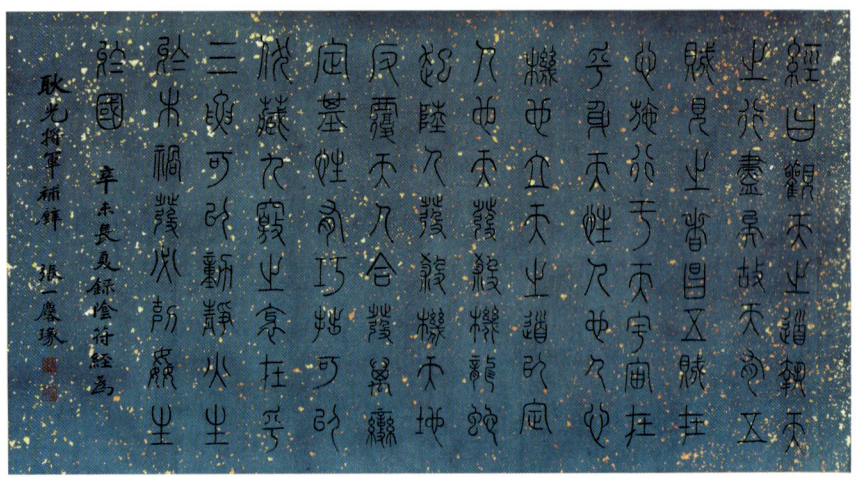

篆书《阴符经》 张一麐
84cm×155cm 1931年

书法册页 张一麐
45cm×51cm 1932年

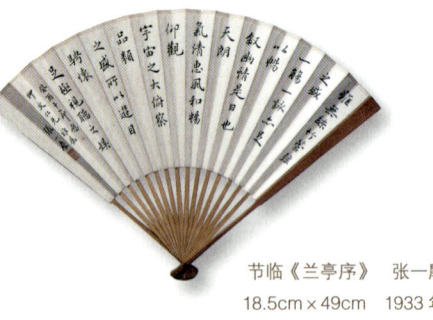

节临《兰亭序》 张一麐
18.5cm×49cm 1933年

行书七言联　张一麐
130cm×31cm×2　1937年

行书立轴　张一麐
94cm×37cm　1939年

上款人陆丹林（1897—1972），广东三水人，生于广州，侨居上海。著有《当代人物志》等十多部著作。

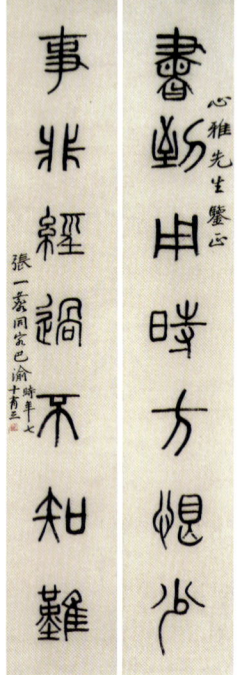

篆书七言联　张一麐
133cm×22cm×2　1940年
（张万安先生提供）

湘乡五箴序　张一麐
118cm×30cm　1943年
（张万安先生提供）

上款人心雅先生，本名浦拯东，生于1892年，无锡人。是民国时期著名的金融家。

张一麐七十七岁时作，上款人冼繁仁兄。马冼繁（1894—1945），河北昌黎人。出生于官宦世家，曾任中央大学法学院院长，著名法学教授。马冼繁与张一麐在重庆同为参政会参政员，因而相熟。

上款人徐子为（1906—1958），吴江人，师从金松岑、章太炎学古文，擅诗文，南社社员，积极抗战。张一麐逝世后主持将《心太平室集》遗稿出版。

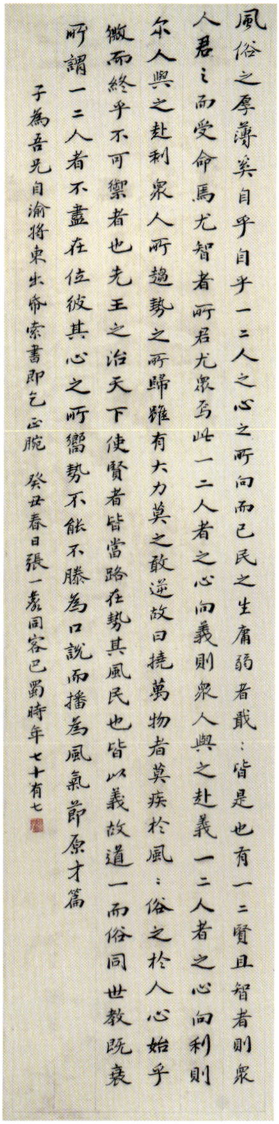

原才篇书法轴　张一麐
118cm×30cm　1943年
（张万安先生提供）

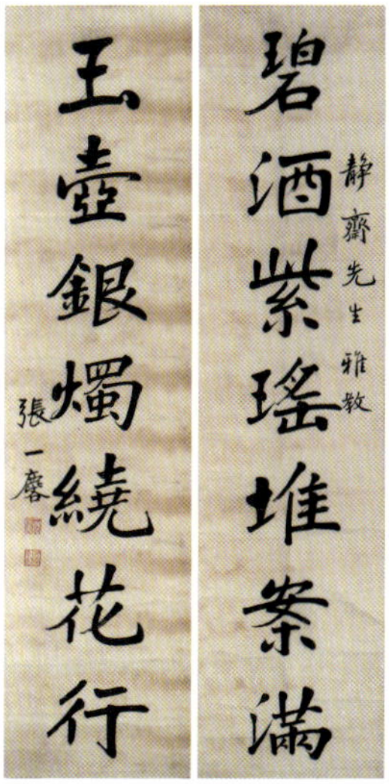

书法七言联　张一麐
130cm×31cm×2

对联（仅下联）
131cm×31.5ccm
（张万安先生提供）

"老氏所宝首在慈"，
张一麐在穹窿山时所写。

行书八言联　张一麐
205cm×44cm×2

八一三后记事诗之一《草庵参禅》　张一麐
68cm×32.5cm
（张万安先生提供）

上款人缪培南（1895—1970），字经成，号育群，广东梅州人。毕业于保定军官学校，曾任国民革命军第八路军总指挥部参谋长。

张一麐印笺　十枚
（张万安先生提供）

东吴张一麐

民傭

张一麐

仲仁

张一麐印

一麐私印

一麐长寿

张一麐印

张一麐长寿

仲仁七十后作

黄杨木雕　14cm×6cm
（赵祖仪先生提供）

张一麐的金丝眼镜
（张万安先生提供）

张一麐书案摆件，四子张为壁过继前留予纪念，近代黄杨木雕大师朱子常作品。

《丛稿民傭》 张一麐
25cm×14cm 1919年
（张万安先生提供）

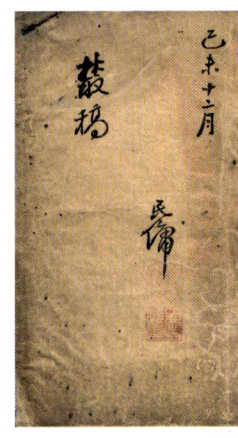

《顾母杜太君懿范录》
30cm×18cm

顾倬（1872—1938），字述之，别号云窗，无锡人，教育家，曾任省立第三师范学校校长。张一麐与黄炎培、张謇、唐文治等应邀为其母作传。

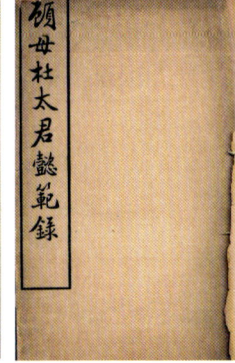

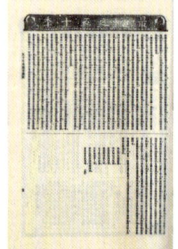

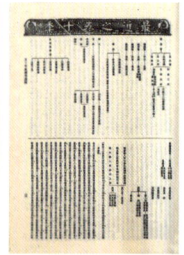

五十年来国事丛谈　张一麐
《最近之五十年——申报馆五十周年纪念》
上海书店　38cm×27.5cm　1922年

张仲仁古稀像
胡藻斌

胡藻斌（1897—1942），字显声，号静观楼主，广东顺德人。早年留学日本，加入同盟会。擅画花鸟、走兽、人物。

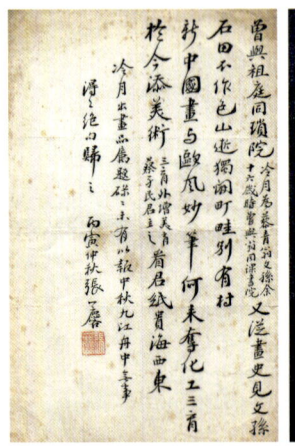
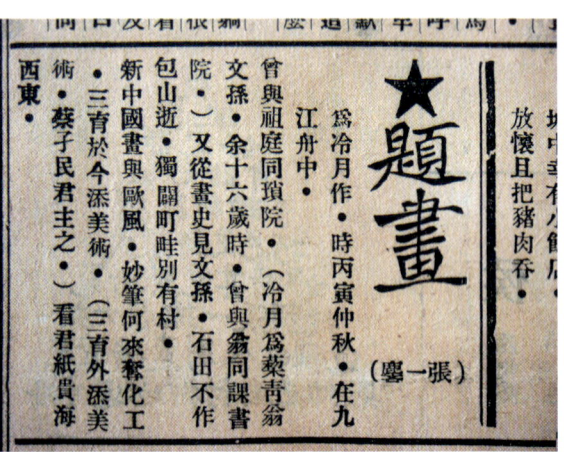

为陶冷月画题诗"题画" 张一麐
《星报》第四十四期 1926年
（陶为衍先生提供）

为陶冷月画题诗手稿
张一麐

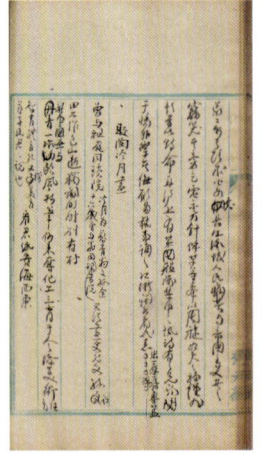

陶冷月（1895—1985），原名善镛，字咏韶，号宏斋等，吴县（今江苏苏州）人，"新中国画"创始人。1926年，张一麐为其画集题诗，提及与其祖父之交谊。

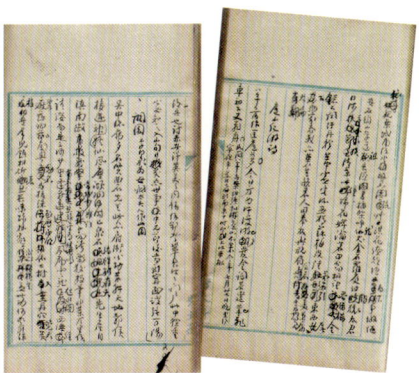

《阙园》手稿
张一麐

李根源为其母阙太夫人作阙园，张一麐撰文记之。

李根源（1879—1965），字印泉，又字养溪、雪生，云南腾冲人。曾任农商总长，兼署国务总理。1923年，因反对曹锟贿选退隐苏州，与张一麐并称"吴中二老"。

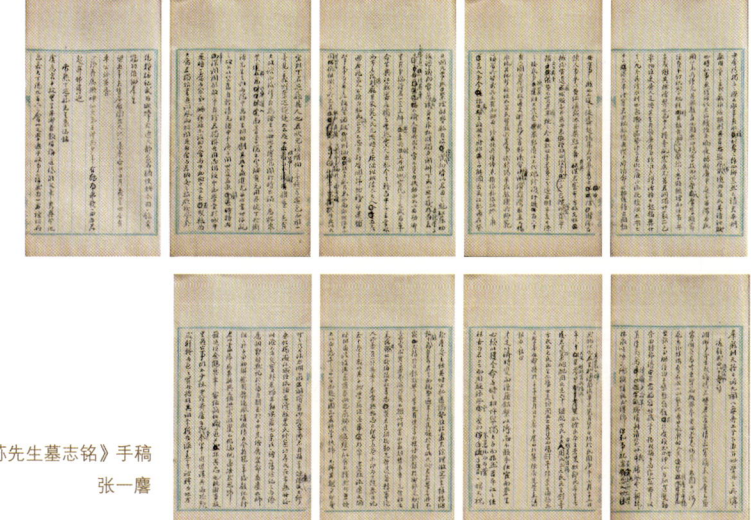

《常熟丁芝荪先生墓志铭》手稿
张一麐

丁祖荫（1871—1930），原名祖德，字芝荪，号初我，常熟人，学者、藏书家。在家乡创办中西学社、中西蒙学堂等，兴新学普及教育。

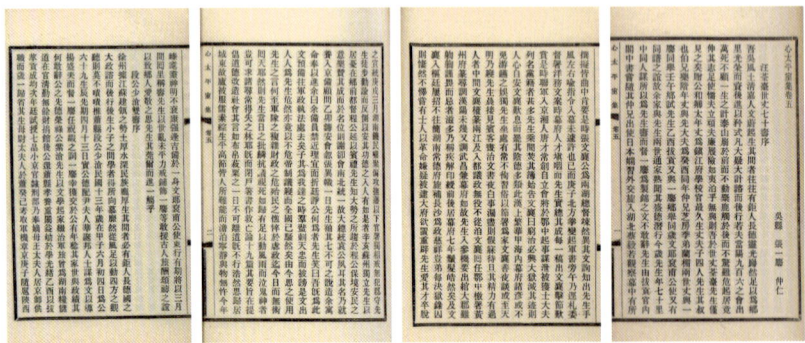

汪荃台七十寿言序
《心太平室集》卷五　1947年

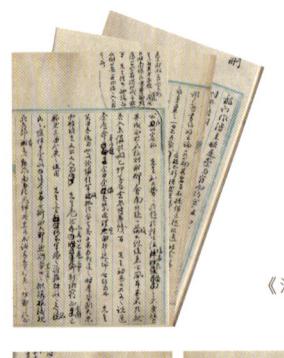

《汪荃台世丈七十寿言序》手稿
张一麐

汪凤瀛（1854—1925），字志澂，号荃台，吴县（今江苏苏州）人。晚清张之洞重要幕僚，反对袁世凯称帝。兄弟四人皆才学之士，长子荣宝为近代著名外交家，三子东宝为章太炎弟子。

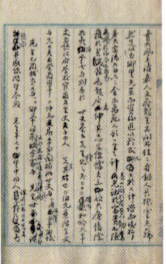

《金天放楼文言序》手稿
张一麐

金松岑（1874—1947），原名懋基，又名天翮，号壮游，自署天放楼主人，吴江人。学者、诗人、教育家，与陈去病、柳亚子并称清末民初"吴江三杰"。

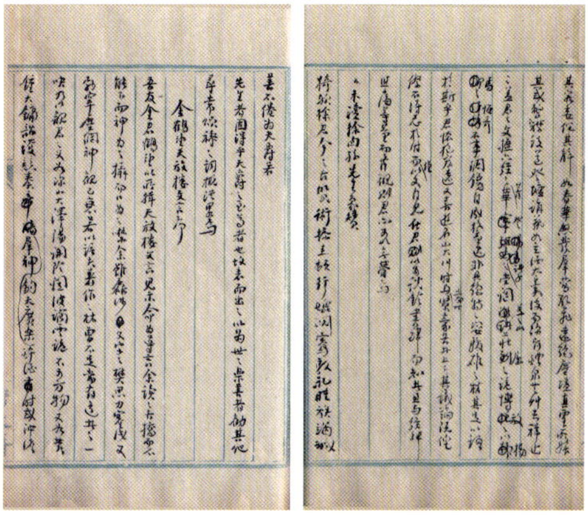

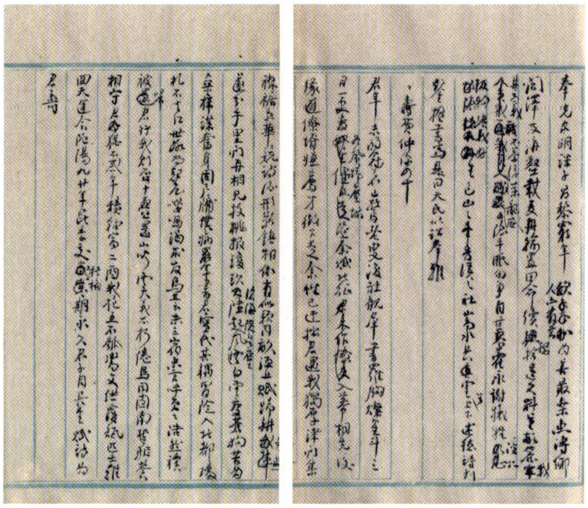

《寿费仲深四十》手稿
张一麐

费树蔚（1884—1935），字仲深，光绪进士，吴江人。清末书画家、南社领袖。因反对袁世凯称帝，辞官回乡创办实业并致力公益和慈善实业。与张一麐并称"吴中二仲"。

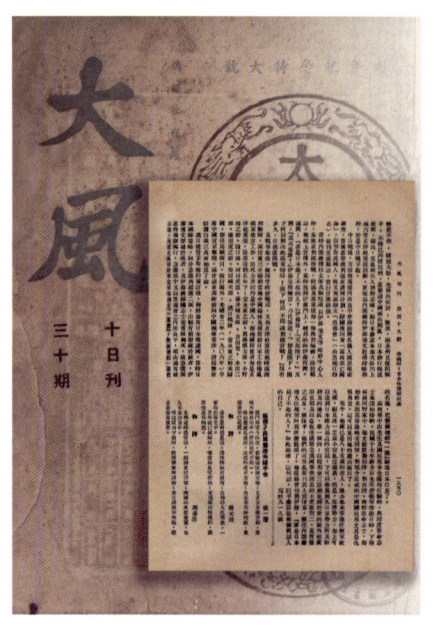

题蔡子民(蔡元培)、周养浩夫妇手卷　张一麐
《大风》　1939年

学习蔡元培先生　张一麐
《新华日报》　1943年11月10日

蔡元培(1868—1940),字鹤卿,号孑民,浙江绍兴人。科举出身,近代革命家、教育家、政治家,曾任教育总长、北京大学校长、中央研究院院长等职。

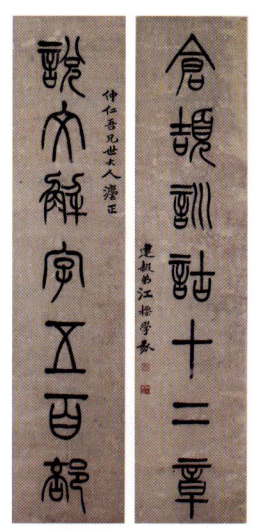

张一麘上款篆书七言联　江标
132.6cm×29.5cm×2
（张万安先生提供）

江标（1860—1899），字建霞，元和人。光绪十五年（1889）进士，授编修。戊戌变法失败后，被革职。工诗词、古文。

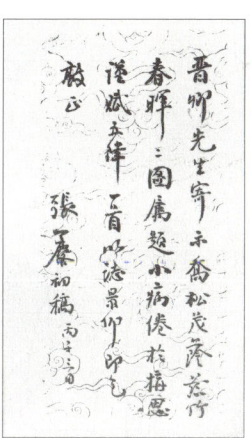

《乔松茂荫　慈竹春晖　诗文集》
26.3cm×15.4cm　1926年

赵锡恩（1882—1973），字晋卿，上海人，近代教育家、企业家。张一麘应邀为其父母纪念画像《乔松茂荫》《慈竹春晖》二图题诗。

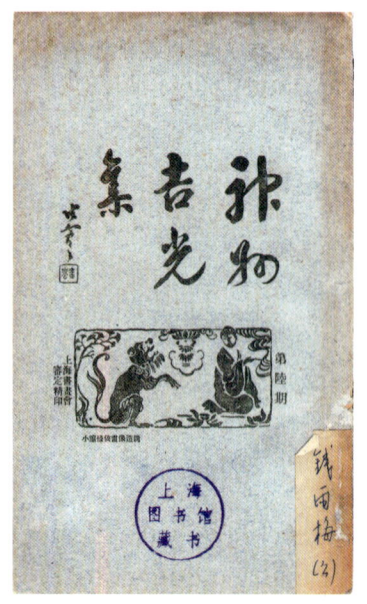
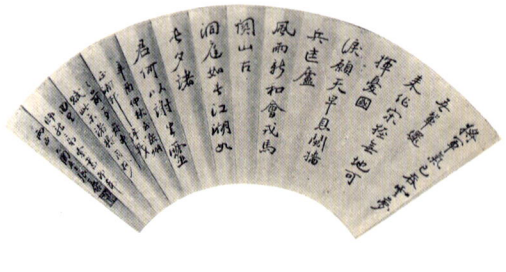

行书扇面　张一麐
《神州吉光集》1923 年第六期

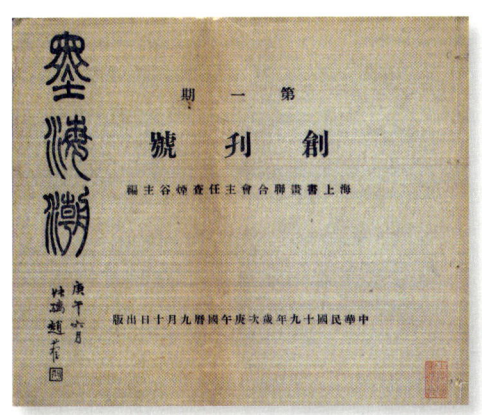

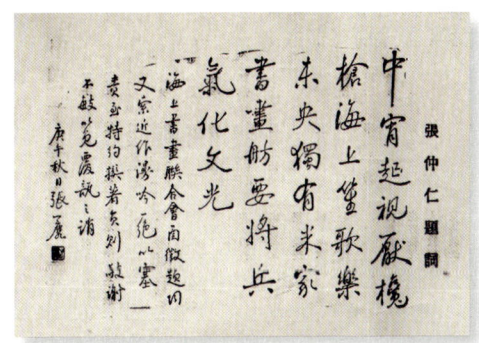

张仲仁题词
《墨海潮美术月刊》1930年第三期

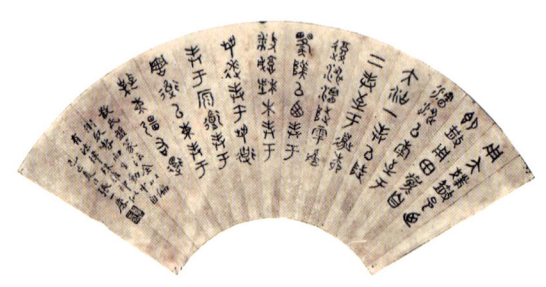

散氏盘篆书扇面　张一麐
《观海艺刊》1930年第八期

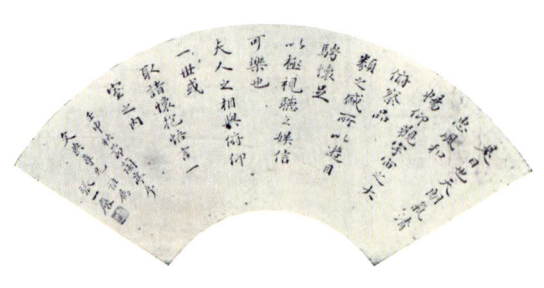

行书扇面　张一麐
《天津商报画刊》1933年第九卷第七期

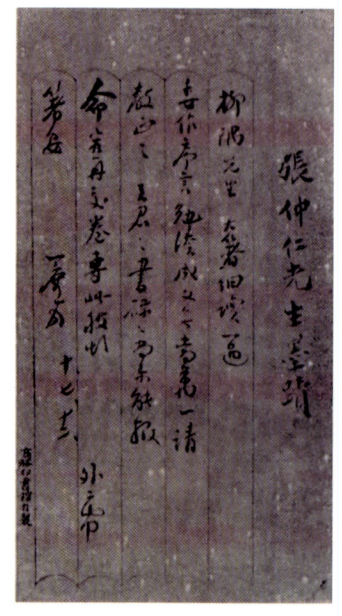

张仲仁先生墨迹
《正风半月刊》1935年第一卷第十九期

倦鸟知还 服务桑梓

先生既入仕，忧心于国，襄赞辛亥。慰亭复辟，谏止无效，愤然请辞，闲居故里，谋桑梓福利。其间曾与张謇组织"苏社"；与李根源组织吴县善人桥农村改进社，改良农业、兴办教育；与吴荫培等创设吴中保墓会，保护乡里文化遗迹；主持《吴县志》编纂；倡议筹建体育场、图书馆、阅报室、植物园、蚕学馆、博物馆等公共文化设施。里舍拥戴，甚为鼓舞。

先生早在1909年回乡时，已着手筹建图书馆、公园等公共设施，即如今苏州公园之前身，他认为："公立图书馆为地方推广文化起见，实可济学校之不足而为近今急要之图。"先生德高望重，任苏州美专、东吴大学、振华女校、其他中小学等校校董，东吴大学授予其法律博士学位，并为各校题词多幅及发表数次演讲。

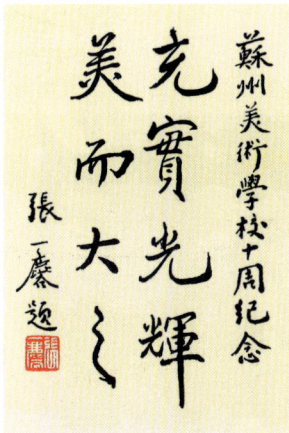

苏州美专建校十周年题词　张一麐
"充实光辉　美而大之"　1932年

苏州美专题词　张一麐
"美育精神"　1929年

苏州美专：1922年由颜文樑、朱士杰、胡粹中等创办，于1927年迁入沧浪亭，建立校董会，张一麐出任校董。

《艺浪》：苏州美专校刊。

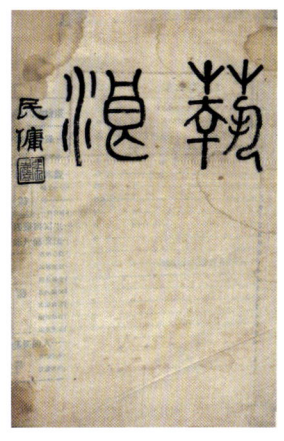

《艺浪》杂志题词　张一麐
"艺浪"　1930年

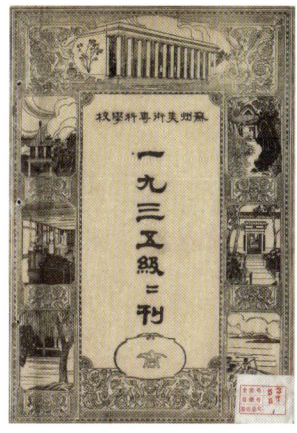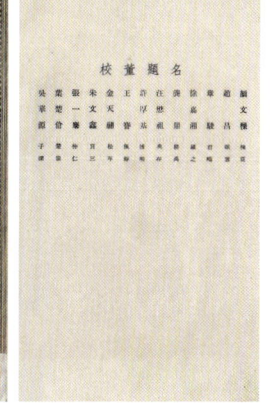

校董题名
《苏州美术专科学校校刊》　1935年

张一麐（右五）受聘东吴大学校董、荣誉博士，在杨永清（右三）出任东吴大学首位华人校长就职典礼时合影　1927年

东吴大学：创办于1900年，现苏州大学前身。

东吴大学

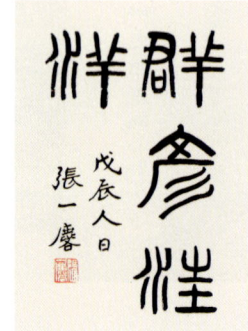

东吴大学年刊题词　张一麐
"群彦汪洋"　1929年

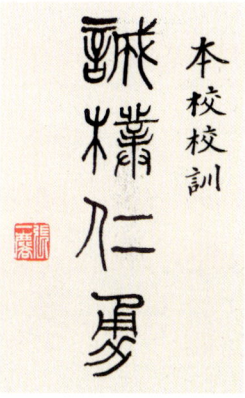

振华女校

振华女校校训　张一麐
"诚朴仁勇"　1936年

董事长张仲仁先生
《振华季刊》1936年第二卷第三、四期合刊

振华女校校董姓名录
《振华女学校三十周（年）纪念刊》　1936年

董事长张一麐先生报告
《振华女校校刊》 1936年

振华女校建校三十周年题词 张一麐
1936年

振华女校：1906年由王谢长达于清织造署旧址创办，1918年增设中学部。1949年后几经更名，后为苏州第十中学。

本校三周年纪念演讲稿
《苏中校刊》1931年第二卷第五十一、五十二期合刊

苏州中学

蘇州中學部消息一束

三　張仲仁先生到校演講

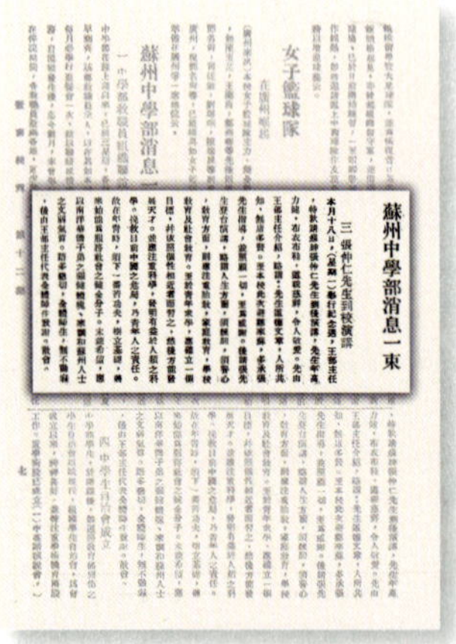

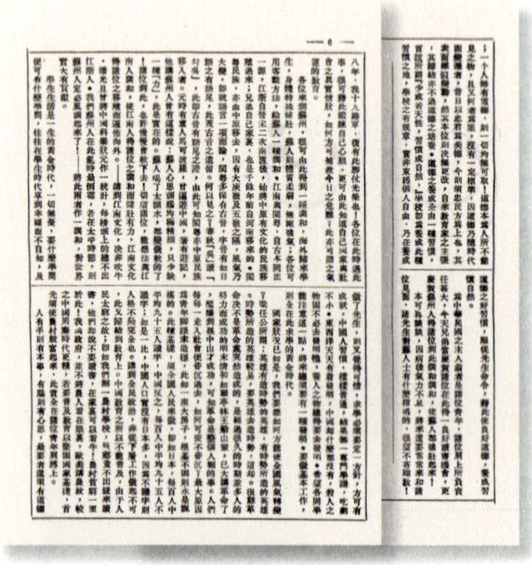

一周校闻　苏州中学部消息一束：
三　张仲仁先生到校演讲
《暨南校刊》1932 年第十二期

张仲仁先生在苏州本校中学部讲演词
《暨南校刊》1932 年第十三期

致蘇州張仲仁先生電

電滙二千五百元請代存此款專作師生伙食

蘇州吳殿直巷張仲仁賜鑒。頃交上海銀行電滙二千五百元，請按期存此款，專作師生伙食，不作別用。每十日發三百元，請按期交王顧兩先生收。其他用款，由洪年直接另寄，餘函陳、費神至謝，印老同候。洪年多。

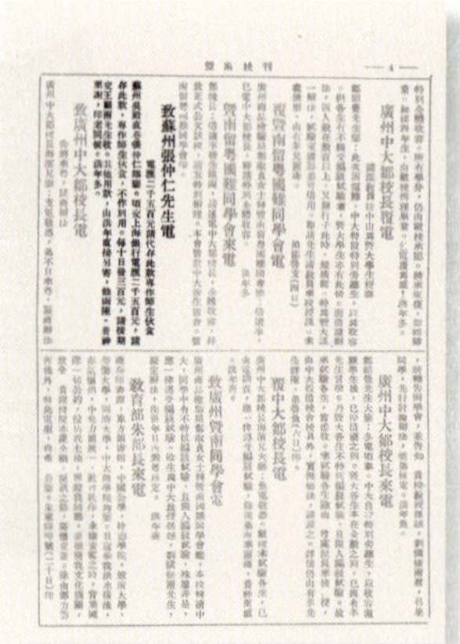

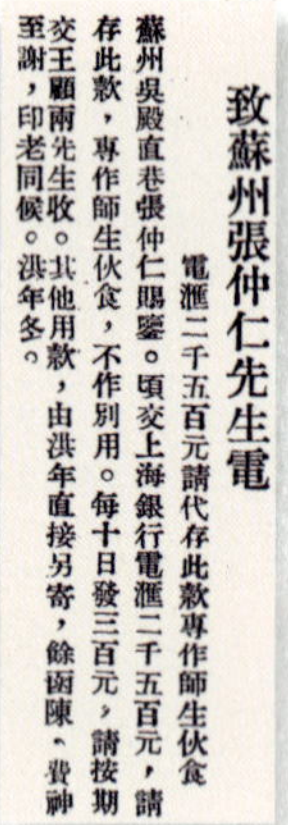

致苏州张仲仁先生电：
电汇二千五百元请代存此款专作师生伙食
《暨南校刊》1932 年第一至六期

萃英中学纪念专刊题词"人才蔚起"　张一麐
1934年

萃英中学：1892年美国传教士海依博士在葑门十全街创办，后几经更易。1949年后与圣光中学合并，成立苏州市第五中学。

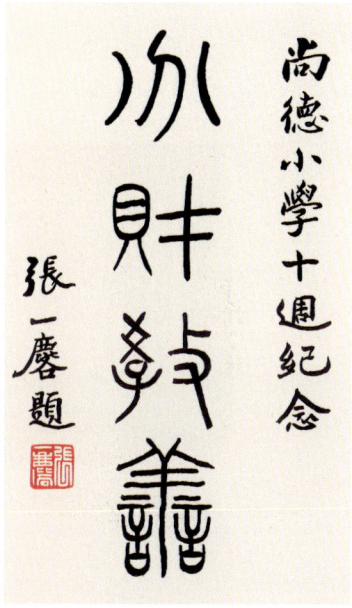

尚德小学十周年纪念题词"分才教善"　张一麐
1934年

尚德小学：1912年美国传教士陆美基在宫巷乐群社创办，后迁至颜家巷。

慧灵附小创刊题词"文明之花"　张一麐
1934年

慧灵附小：1907年美国传教士纱斐在嘉音堂附近创办，抗战期间停办，1945年复校，1949年后并入萍花桥小学。

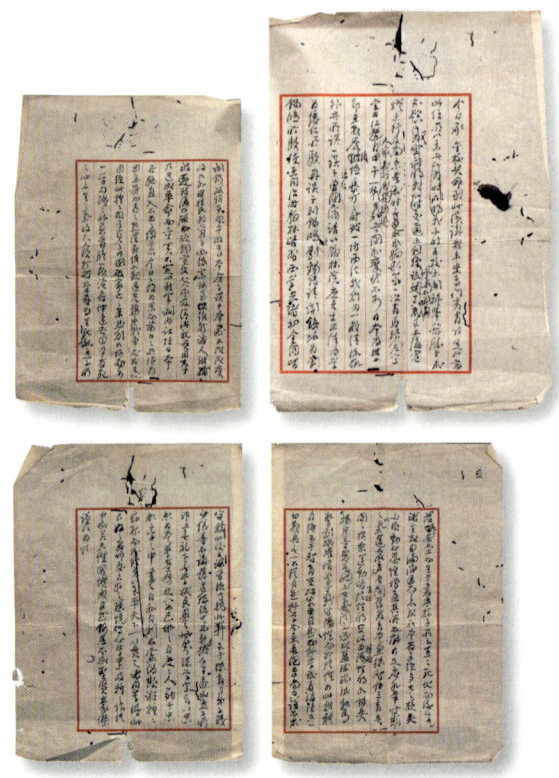

演讲稿手稿　张一麐
29cm×20cm
（张万安先生提供）

演讲中，张一麐鼓励在校学生"修身以至平天下"。

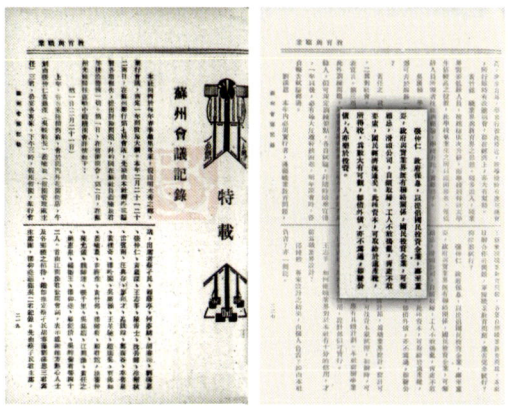

苏州会议记录
《教育与职业》第一百二十二期 1931年

中华职业教育社于1917年由黄炎培、穆藕初等创立于上海。此为1931年2月21日、22日在苏州举行第七届会议的特载。张一麐为董事与会议东道主，接待并安排行程。照片为会议期间蔡元培等在苏州参观。

062　吴中耆宿——张一麐文献展

范仲淹之精神生活　张一麐
《江苏教育》1936年第五卷第九期

图书馆启事：本馆蒙张仲仁先生赠下列各书
《民大周刊》1924年第六期

张一麐为北京民国大学图书馆捐赠一批图书。

上方山摩崖石刻
张一麐

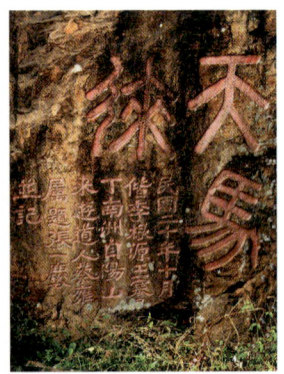
贺九岭摩崖石刻
张一麐

莫厘峰摩崖石刻
张一麐

《吴中文献展特刊》 张一麐
1937年

1937年，首倡集苏州各界知名人士和艺术文献典籍的"吴中文献展"在苏州可园举行。张一麐为展览特刊题字。

1932年张一麐与李根源、陈石遗、金松岑等人发起成立中国国学会，请章太炎主持讲学。

《国学商兑》 国学会出版委员会
1933年

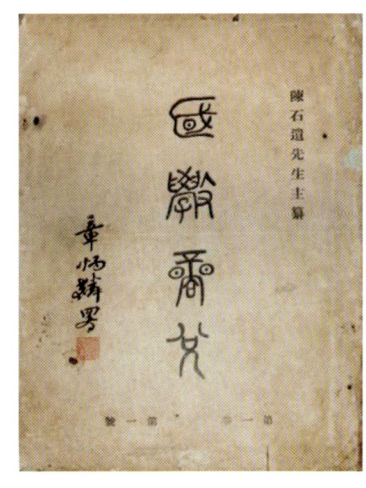

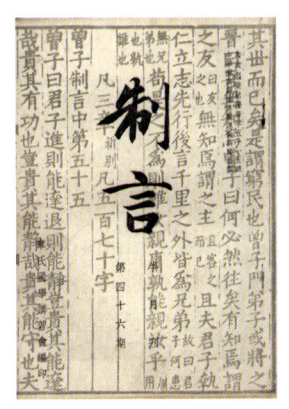
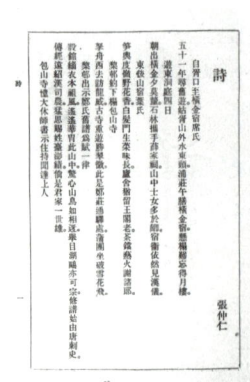

诗：自胥口至横金宿席氏、游东洞庭四日　张一麐
《制言》1939年第五十四期

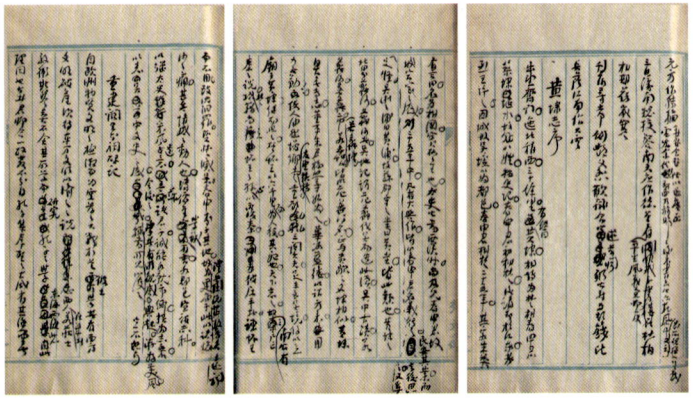

《黄埭志序》手稿　张一麐
26.5cm×15.5cm

《吴县志》影印本
据1933年版影印
27cm×18cm×10cm 一函

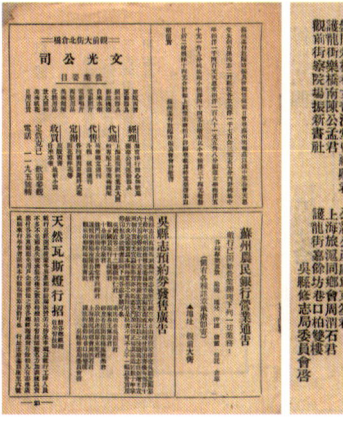
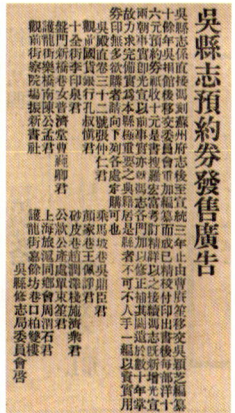

《吴县志》预约券发售广告
《斗报》1932年第二卷第一期

先生回乡后,每遇地方建设和惠及民众的事业,必鼎力支持,极恭谨谦逊。择土地肥沃、民风滋厚之善人桥改良农业、兴办教育,为一众乡村之示范。先生亦常为各实业刊物撰写修建公路、发展农副业、筑堤之倡议文章,宣传实业建设。

公宴张仲仁于虎丘
1921年秋

前排左十一张一麐，左八费仲深，左十曾朴，左十二苏绍柄。

1921年张一麐当选为省议员,回苏州前亲笔予庞天笙,写信交代回苏事项及行程安排,另一封表达鞠躬尽瘁以不负乡人推举的决心。

庞天笙(1871年—?),南浔人,徙居吴县。名延祚,字天笙。曾任苏州总商会会长、商会首席主席委员等。

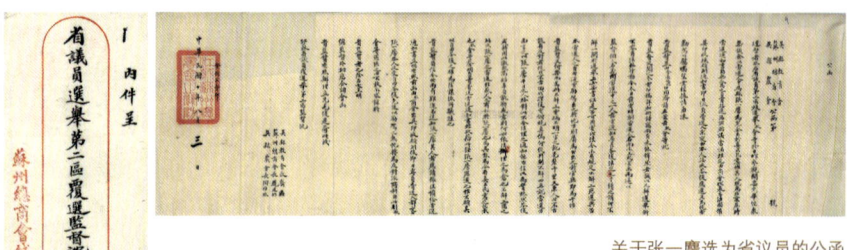

关于张一麐选为省议员的公函
20cm×68cm　1921年

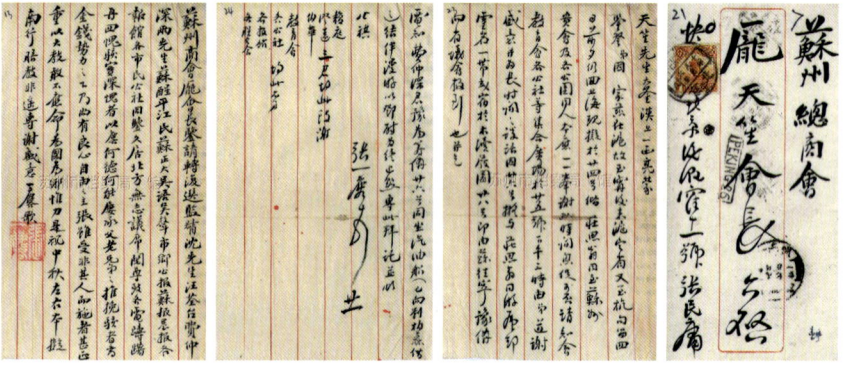

致庞天笙信札　张一麐
25cm×19cm　1921年

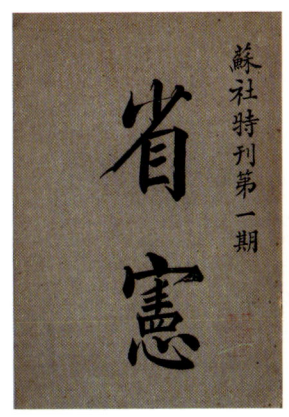
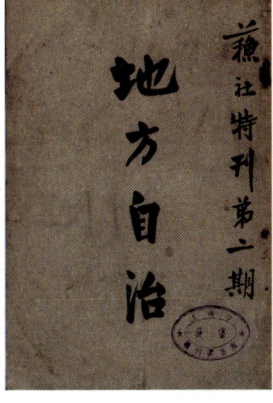
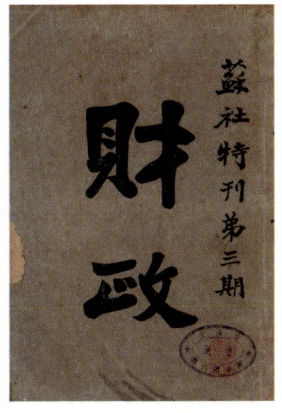

《苏社特刊》
1922 年第一期

《苏社特刊》
1922 年第二期

《苏社特刊》
1923 年第三期

1920年张一麐与南通张謇发起组织"苏社"，发展全省实业、教育、水利、交通事业。

《申报》关于苏社的相关报道

蘇人發起蘇社

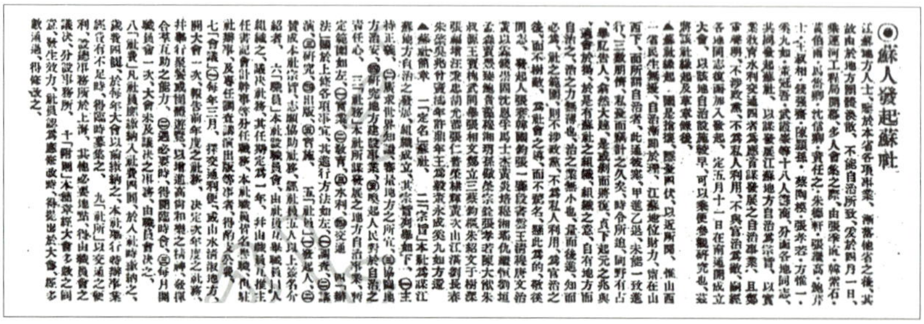

苏人发起苏社

1920 年 4 月 24 日

蘇社第二屆大會紀

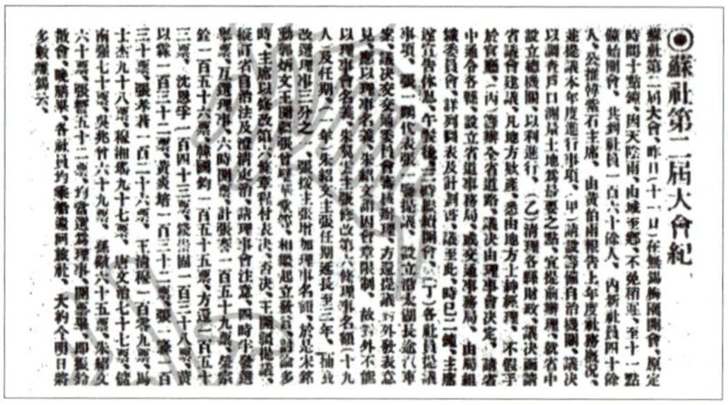

苏社第二届大会记

1921 年 3 月 13 日

蘇社大會之餘音

蘇社今明日開大會

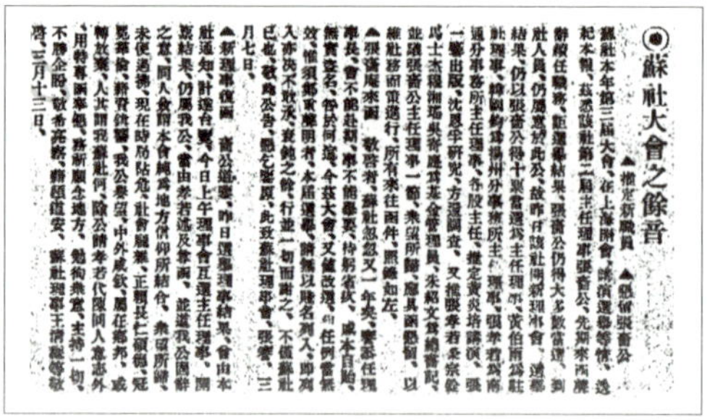

苏社大会之余音

1922 年 3 月 11 日

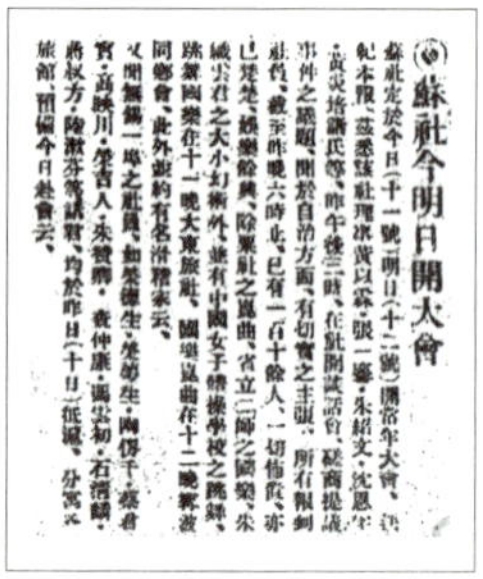

苏社今明日开大会

1922 年 3 月 14 日

《苏社特刊》手稿　张一麐
26.5cm × 15.5cm

李根源(右四)、张一麐(右五)和吴县县长黄蕴深(右六)与第一次划区会议其他委员合影　　1932年

1932年2月,张一麐与李根源、黄炎培、江问鱼等在苏州城西的善人桥发起实验新农村,兴办教育、改良农业。

吴县善人桥农村改进会概况
《苏声月刊》第一卷第五号 1934年1月

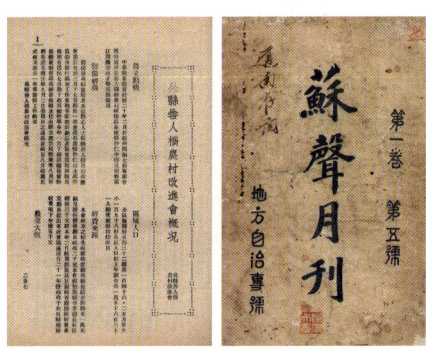

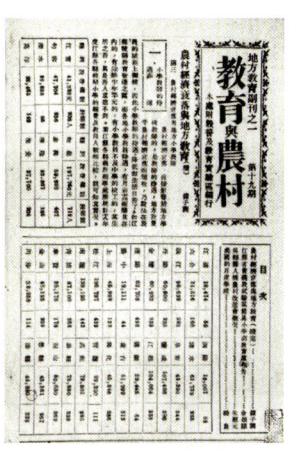

吴县善人桥农村改进会概况
《教育与农村》1932年第十九期

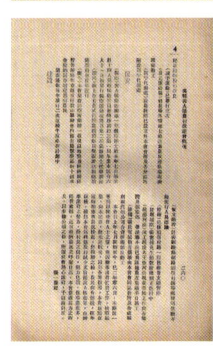
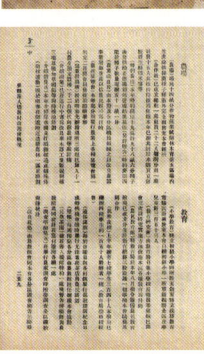

民国二十三年（1934）的吴县善人桥
《乡村建设旬刊》第三卷二十四期 1934年

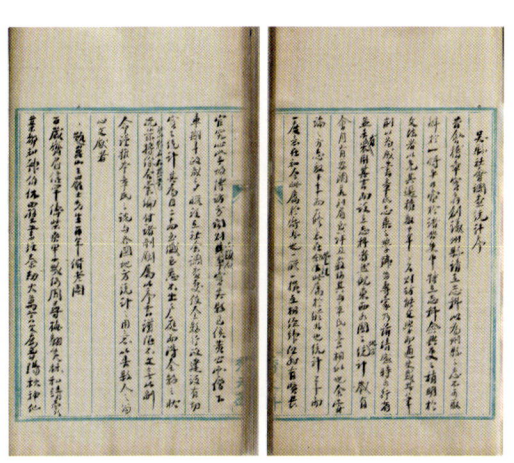

《吴县调查统计序》手稿
26.5cm × 15.5cm

张一麐为吴县调查统计所作序言,论述志学的重要性,强调东西方各国之统计学对地方建设管理之裨益。

苏木公路通车有期
《申报》1934年6月17日

全国道路建设协会十周年纪念（题词）　《道路月刊》十周年纪念号
24.5cm×19cm　1930 年 5 月 15 日

筹办苏邓洞长途汽车意见书　《道路月刊》
24.5cm×19cm　1926 年

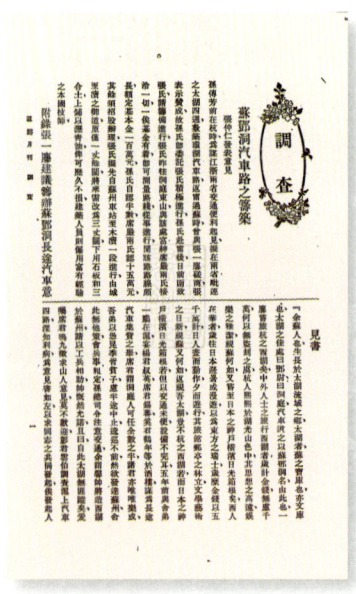

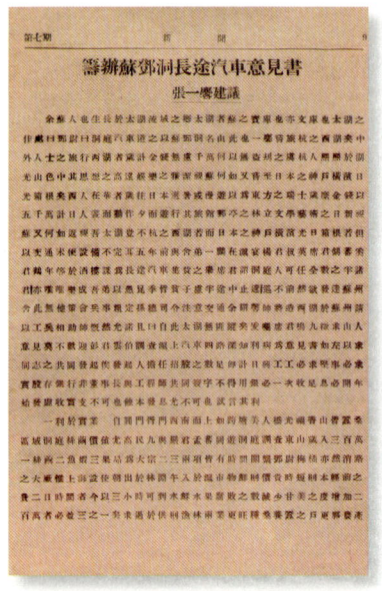

筹办苏邓洞长途汽车意见书　《工程旬刊》
24.5cm×19cm　1926 年

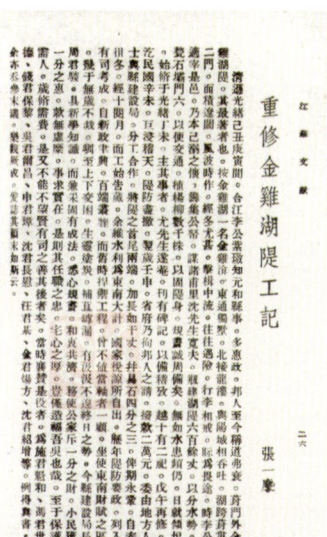

重修金鸡湖堤工记
《江苏文献》1944 年第五、六期合刊

张一麐撰文记1932年金鸡湖堤重修。

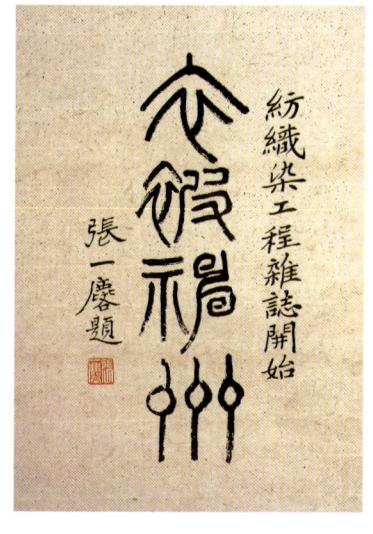

《纺织染工程》杂志创刊题词 "衣被神州"
《纺织染工程》1940 年第一卷第四期

先生长期殚精竭虑,致积劳成疾,而隐居于穹窿山,但仍与李根源等士绅为地方谋公益,百废咸举,弗一日自逸。未几,战祸频仍,民生疾苦,先生奔走呼告,主持重组中国红十字会吴县分会,组织捐赈水灾、蝗灾,救百姓于危难之间,被誉为"佛心而儒行者"。

理事兼研究股主任张一麐
《苏社特刊》1922年第一期

苏州公园
1927 年

| 苏州公园内图书馆 | 苏州公园图书馆前颜文樑设计的喷水池 |
| 1927 年 | 1927 年 |

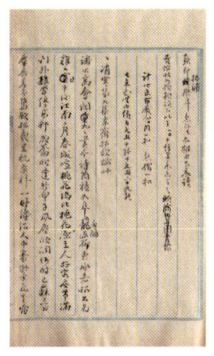
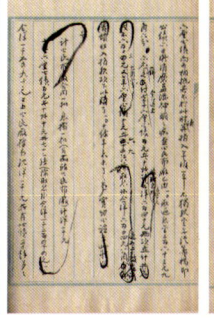

《致图书馆函》手稿
26.5cm×15.5cm

早在1909年回乡期间,张一麐着手筹建一座包括图书馆、文物陈列室、亭池花木和娱乐设施的公共园林,后择王废基东部浚池植树,开始营建。1927年8月1日落成开放,轰动全城。

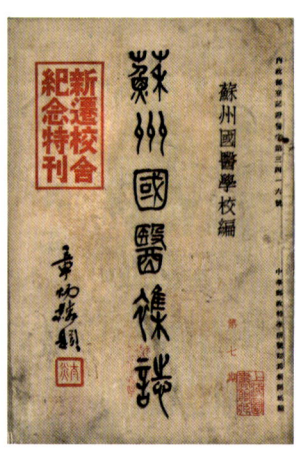

卫勤贤：张仲仁先生演说词
《苏州国医杂志》1935年第七期

张一麐在苏州国医专科学校迁校址后发表演讲，倡导纠正当时重西医、轻中医的风气。

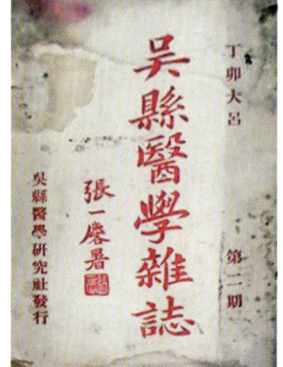

张一麐题字
《吴县医学杂志》1927年第二期

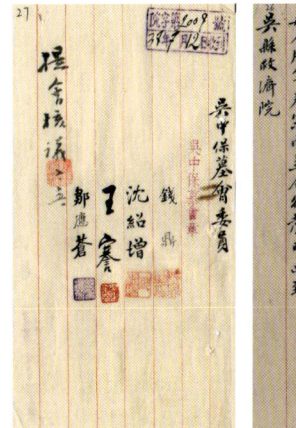

关于吴中保墓会财产移交吴县救济院的函

青旸地孙坚、孙策墓

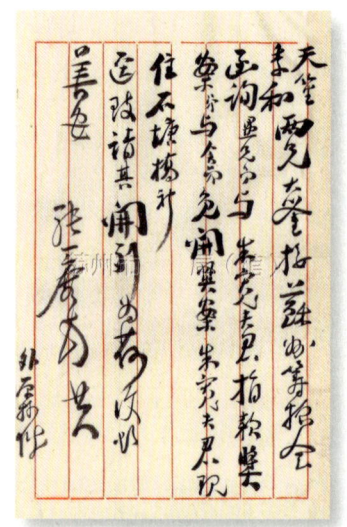

张一麐为捐款案事致江苏水灾筹赈会函
25cm×19cm　1922年

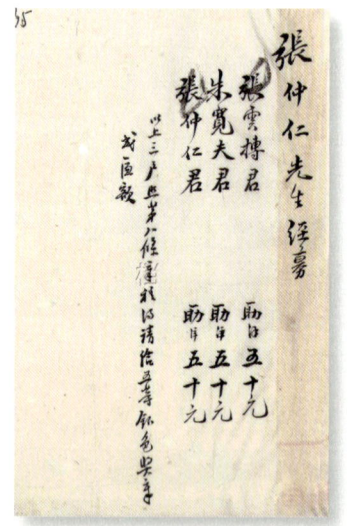

张仲仁等人募款函
25cm×19cm　1922年

张一麐卖字捐赈
《申报》1931 年 9 月 4 日

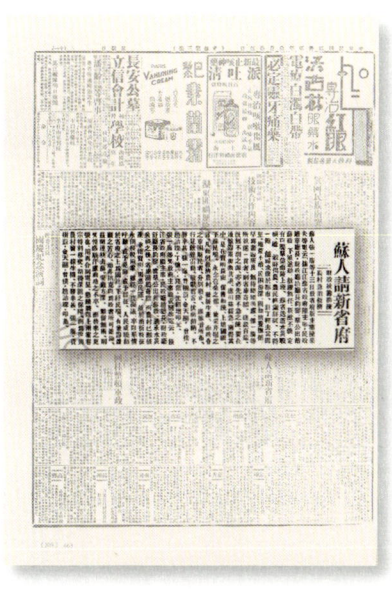

苏人请新省府财政统筹节流、农村急须救济
《申报》1933 年 10 月 15 日

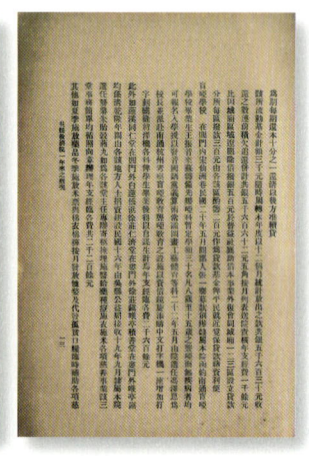

吴县救济院一年之概况
《吴县救济院年刊》 1934年

1929年张一麐向庚午济贫会捐款一千元,创办吴县救济院盲哑学校,四年学制,开设音乐、国语、数字、绘画、体育等课程。

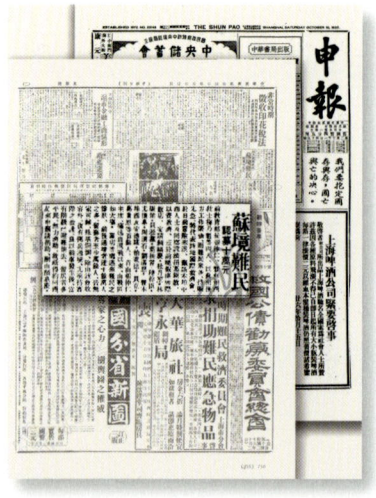

救济苏境难民认募十万元
《申报》1937年10月16日

誓歼丑虏　折角批鳞

先生惊闻"九一八"事变爆发，生灵涂炭，创办《斗报周刊》，以"江东阿斗"为笔名，取意"阿斗"为国家主人。至"八一三"抗战，先生偕苏人士扶伤救难，先后设医院二十四所，救治伤兵至五六万，收容难民逾十万。作诗文大呼抗敌救国，更倡议组建老子军以振国威。

先生晚年因战乱辗转上海、香港等地，于1943年病逝于重庆，毛泽东、朱德、周恩来等致唁电。《新华日报》设悼念专刊，以先生之诗为题记追思："万马齐喑试一鸣，初心端不为浮名。歌功颂德由君辈，折角批鳞属老生。"

张一麐七十二岁像
1939 年

《斗报周刊》
1932年

1931年"九一八"事变后,张一麐与李根源商议创办《斗报周刊》,以笔为枪号召全民抗日,"江东阿斗"为笔名取意主权在民。

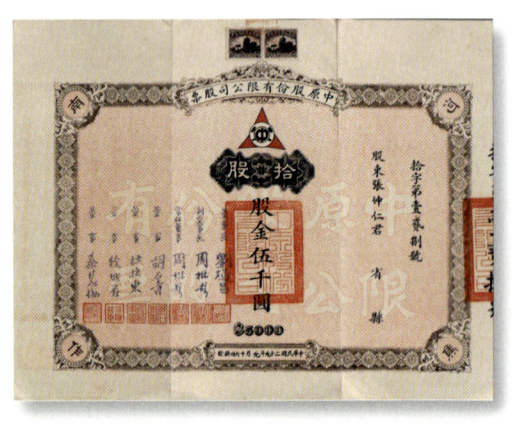

中院股份有限公司（煤矿）股票
1940 年
（张万安先生提供）

张一麐购有价证券。

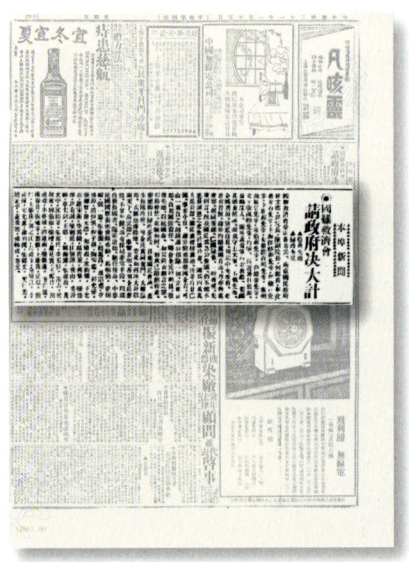

国难救济会请政府决大计
《申报》1932 年 1 月 15 日

马岗山英雄冢

"一·二八"抗战中牺牲将士万余,其中经抢救无效而逝于苏州医院的有七十八位,1933年张一麐与李根源等人主持将烈士遗骨埋葬于善人桥马岗山。

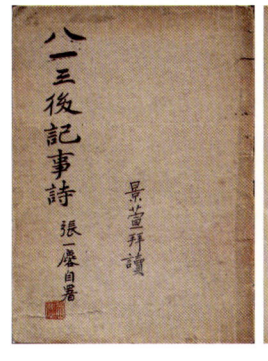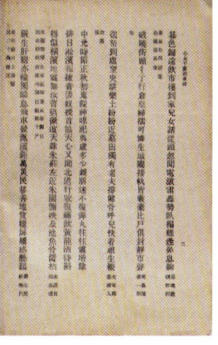

辑录张一麐先生在"八一三"后创作的诗文,共一百七十一首,充满抗战斗志。送三子张为鼎参加救护队,作诗记之。

《八一三后记事诗》 商务印书馆香港分馆出版
19cm×13cm 1938年8月

张一麐前线劳军
1937 年 8 月 15 日

"八一三"淞沪抗战爆发后,吴县成立抗敌后援会,组织各界群众踊跃捐献钱物,支援前线抗日将士。图为苏州社会名流到前线慰问将士时与高级将领合影。左四冯玉祥,左五张一麐,左六李根源,左七张治中。

"七君子"事件
1936 年

1936 年 11 月 23 日,国民党逮捕了倡导各界抗日的"七君子",羁押在苏,张一麐、李根源全力营救"七君子"出狱。张一麐为沈钧儒的具保人。

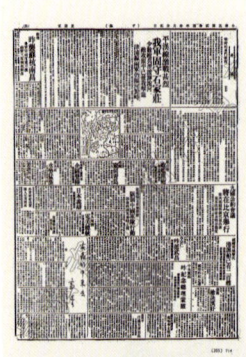
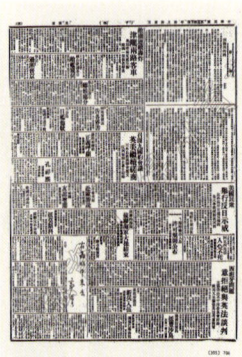
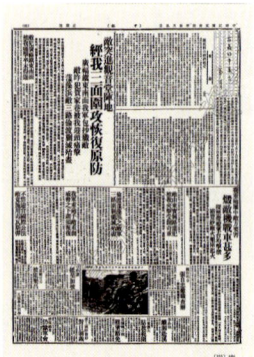
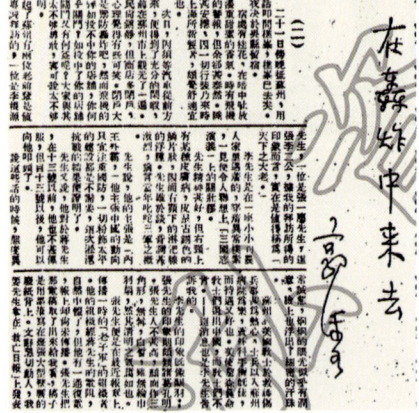

轰炸中来去　郭沫若
《申报》1937年10月

郭沫若记叙各地抗战情形的连载文章，分十四期发表于《申报》，其中高度评价了张一麐为抗战所做的贡献。

《洪波曲》 郭沫若
人民文学出版社 1979年

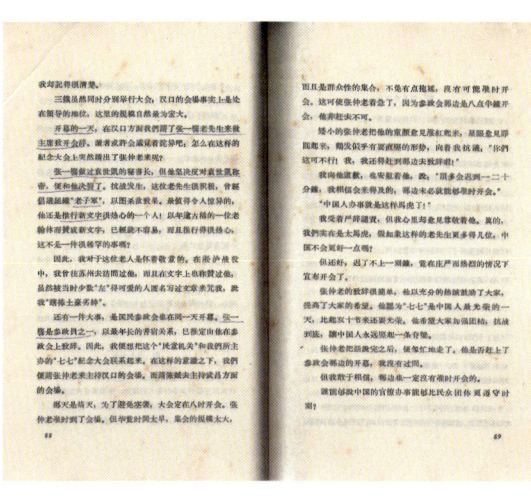

张一麐在"纪念七七事件周年大会"上发言。

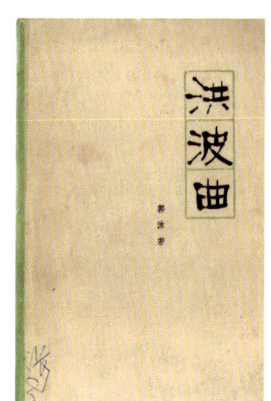

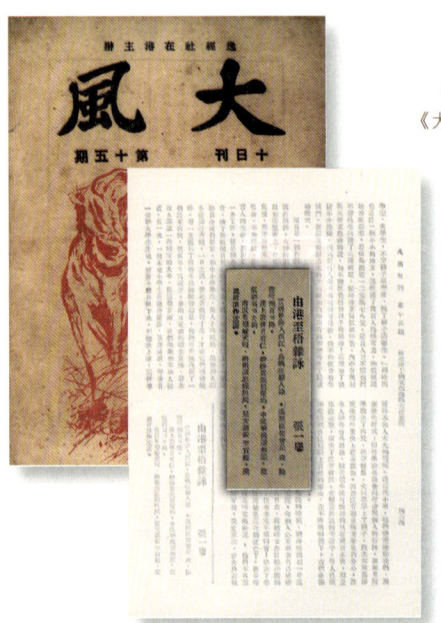

由港至梧杂咏　张一麐
《大风》1938年第十五期

张一麐由香港赴汉口期间绕道梧州时所作。

"老子军"创议者张一麐先生及其抗战诗
《大风》1938年第九期

东江浙同乡聚餐会诸公 张一麐
《江浙同乡会二周年纪念刊》

题从戎纪念 张一麐
《江浙同乡会一周年纪念刊》

三周纪念记
《江浙同乡会三周年纪念刊》

江浙旅沪同乡会：1938年4月，张一麐在上海避难期间，与孙筹成等邀集江浙两省寓沪知名人士，发起成立江浙同乡会。定期相聚，互通消息，敦睦乡谊。

孙筹成（1884—1973），嘉善人，名福基，清末秀才。曾投笔从戎参加辛亥革命，后担任上海总商会秘书，从事救灾办学等慈善公益事业。

张一麐先生访问记
《中国语文》1939年第一卷第一期

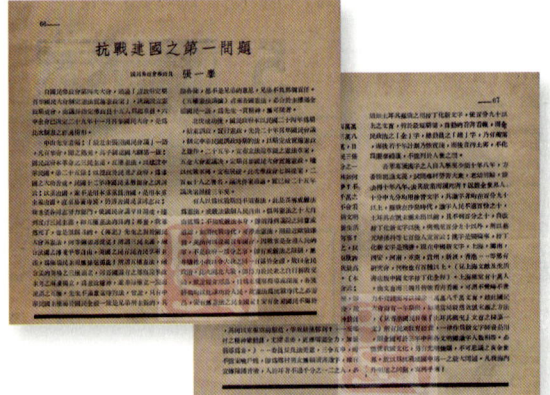

抗战建国之第一问题　张一麐
《中国语文》1940年第一卷第五期

自传之一节　张一麐
《宇宙风》1939年第七十七、七十八、八十二期

敬告青年　张一麐　　　　　　　　　为《民锋》杂志题词　张一麐
《战时青年》1940年第五期　　　　《民锋》1940年第二卷第十三期

商务印书馆续出《健与力》序　张一麐
《健与力》特刊　1941年

张一麐三子张为鼎婚礼嘉宾签到簿
37cm×127cm 1941年
(张万安先生提供)

张一麐出席三子张为鼎婚礼
1941年

张为鼎结婚照
1941年
(张万安先生提供)

1941年11月26日,张一麐三子张为鼎的婚礼于重庆嘉陵宾馆举行,各界名流纷纷到场祝贺。

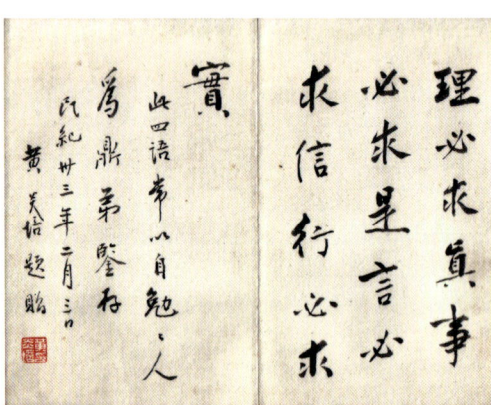

于右任题字	黄炎培题字
李根源题字	沈钧儒题字

（张万安先生提供）

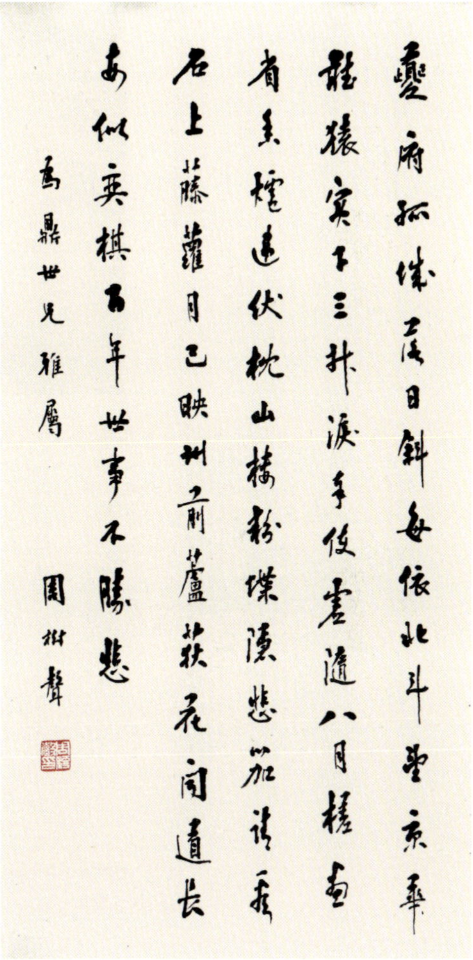

夔府孤城落日斜，每依北斗望京華。聽猿實下三聲淚，奉使虛隨八月槎。畫省香爐違伏枕，山樓粉堞隱悲笳。請看石上藤蘿月，已映洲前蘆荻花。聞道長安似弈棋，百年世事不勝悲。

為鼎世兄雅屬　周樹聲

张为鼎上款行书　周树声
（张万安先生提供）

周树声（1889—1986），别号澹庐居士，河南开封人，毕业于河南法政专门学校。工书擅诗，著有《澹庐诗钞》《游日随笔》《十年论政》等。

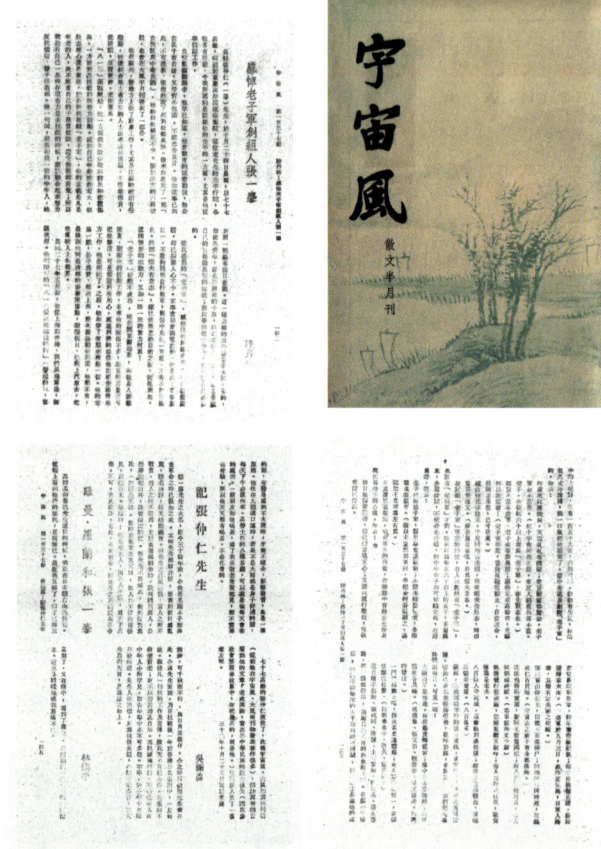

感悼老子军创组人张一麐　陆丹林
《宇宙风》1944年第一百三十七期 142—145 页

> 1943年10月24日晨8时45分，张一麐先生于重庆清水溪疗养院病逝。

《新华日报》

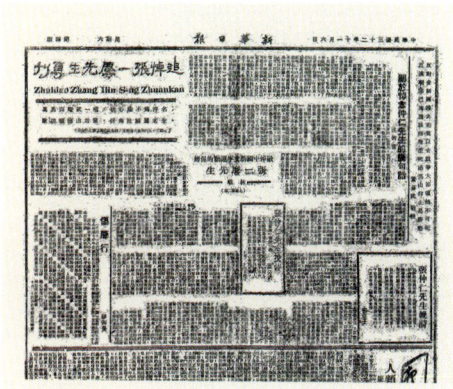

追悼张一麐先生专刊
25.5cm×30cm

张仲仁先生二三事
30cm×17.6cm

追悼张一麐先生专刊
30cm×17.5cm

《新华日报》

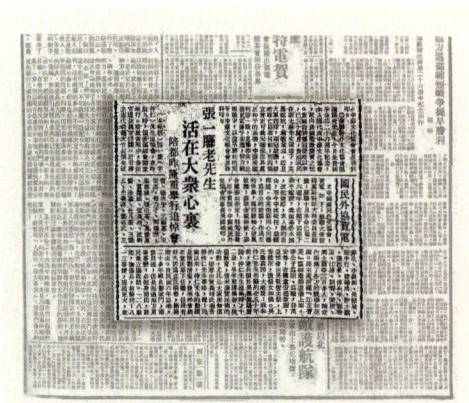

活在大众心里
25.5cm×30cm

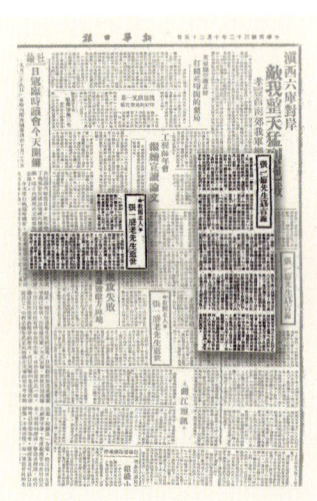

救国老人逝世、嘉言录
30cm×21cm

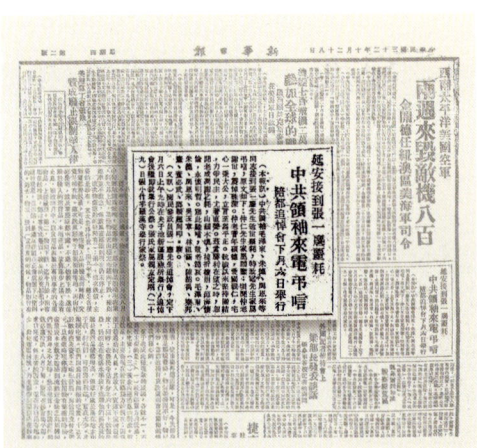

毛泽东等来电吊唁
25.5cm×30cm

《国讯》1943年第三百五十二期

敬悼张一麐先生　　　张仲仁先生事略　　　哭仲仁先生
　　北鸥　　　　　　沈钧儒、黄炎培　　　　沈钧儒

抗战胜利后，五卅路曾改名为仲仁路以纪念仲老。

张一麐先生的生平与书法艺术

潘振元

张一麐（1868—1943），字仲仁。苏州人，出身于一个士绅家庭，著名爱国人士。在民国时期任总统府秘书、政事堂机要局局长、教育总长、总统府秘书长、国民参政会参政员等职。著有《心太平室集》《现代兵事集》《古红梅阁笔记》等。

在戊戌变法期间，张一麐面对屈辱的《马关条约》，激于民族大义，列名参与了著名的"公车上书"。康有为在北京成立"强学会"，张一麐还到苏州倡立"苏学会"，与"强学会"遥相呼应，提倡新思想，积极开展办学、读书、集会等活动，成为东南地区推崇维新变法的重要据点。

在北洋政府期间，据唐在礼回忆，"张一麐为人正直，虑事皆以民国大局为重，而不以北洋一系相拘束，自视为'北洋派中的非北洋派'，对袁世凯常以正言相规劝。因此，张一麐在总统府秘书中最为袁世凯所敬畏。对于张一麐的意见，袁世凯虽极尊重，但也不尽用其言，甚至有时就告诉左右，这等事不要令张一麐知道"。所以，称帝一事，袁世凯也瞒骗他。到筹安会成立，帝制运动被公开，张一麐才幡然醒悟，不顾生命危险，通过口头劝阻、政事堂上直言以及书面形式"三谏袁世凯"，这种文人的耿耿风骨与卓见胆识，震惊了全国，世人把他称为近代罕见的"文胆"。

在1931年"九一八"事变后，张一麐积极投入到抗日宣传活动中，创办《斗报周刊》，自署"江东阿斗"，号召奋起抗战，救亡图存。随后，"一·二八"淞沪抗战爆发，张一麐与李根源一起发起"抗日治安会"，动员乡里民众捐输钱款，一起扶伤兵、救难民，支援抗战。1936年11月，救国会领袖沈钧儒等人因宣传抗日，遭到国民党政府迫害，成为震惊全国的"七君子之狱"。张一麐勇敢地站出来参与了这一斗争，与李根源一起延请了二十七位著名律师，为"七君子"辩护，最终迫使国民党"具保释放"。1937年发生了"八一三"事变，年已七十的他不顾自己抱病吐血，不屈于敌之威武，系心于国之安危，组织苏州"抗敌后援会"，领导了繁重的抗日后援工作，设立临时医院二十四所，救治伤员五六万，收容难民十余万，并与李根源一起登报倡议组织"老子军"，号召全国六十岁以上老者，前来从军，与侵华日军决一死战。此倡议虽被蒋介石阻止，但对激发全国人民共同抗日起到了极大的鼓动作用，由此轰动了全国各个阶层。

张一麐在苏州归隐期间，一直致力于地方事业与公益活动，包括农事改良、公路修建、救灾抚难、整理古迹等各类公益事业。如与张謇组织苏社；与李根源组织吴县善人桥农村改进社，改良农业、兴办教育、筹建平民住宅；与吴荫培等参与《吴县志》总纂，创设吴中保墓会，保护乡里文化遗迹；还倡议开辟体育场、图书馆、阅览室、植物园、蚕学馆、博物馆等社会文化教育设施。

1938年10月，在第一届国民参政会第二次大会上，张一麐联署了中共代表董必武等人提出的《拥护持久抗战宣言案》，此案当即得到董必武和许多参政员的支持并获得通过。而后，当中共六名参政员提出《加紧全民族团结坚持持久抗战争取最后胜利案》时，他也慷慨签署。

1940年10月，他在重庆召开的第二次国民参政会上，坚决反对国民党煽动的反共逆流，成为抨击蒋介石破坏团结抗战行径最有力者之一。在李晚成撰写的《民国人物传·张一麐》一文中，记载了他在重庆生命最后一段时间的感人事迹："张一麐又积极从事促进宪政和民主的运动，也是素有'民主之家'的上清寺特园的座上客。在那里他与周恩来、董必武等中共领袖倾心交谈，因此愈加遭到反动势力的忌恨。1943年8月第三届国民参政会开会，张一麐抱病出席并痛斥孔祥熙等人贪污误国、危及前线。"张一麐敢于在蒋介石的眼皮底下与共产党高层亲密交往和接触，敢于当着蒋介石的面痛斥国民党高官的罪行，我们可以真切地感受到他的正义感和爱国心。

张一麐一生为人正直，人格高尚，淡薄名利，勤奋自律，获得了社会的一致好评。张君劢在《我所向往之仲仁先生》一文中，称其"何幸于清代民国之交有吴县张仲仁先生秉性刚正，有古之所谓一士谔谔之风"；千家驹在《追悼仲老》中称他"像这样一位主持正义、严辩是非的长者，真可说是中国士大夫优良传统之典型的代表"；郭沫若在《在轰炸中来去》的采访报导中称他为"天下之大老"。然而，我更钦佩他的"文胆"，他敢于冒生命危险三谏袁世凯，又勇于在国民参政会上面斥蒋介石推行的种种破坏团结抗战的反动政策，实践他"折角批鳞"的诺言。在他身上闪耀的那种不顾自身安危的正气，让我们看到了中国文人真正的风骨。

至于张一麐的名字，我第一次听到是在20世纪70年代中期，吴进贤老先生对我说起："我有两位书法老师，一位是李根源，另一位是张一麐。"谈到张一麐辅导他写《张迁碑》时说："你还家临摹二百遍后，再拿给我看。"前贤这种对晚辈临摹的严格要求，给我留下了深深的印象。我最早看到张一麐的书法作品是在20世纪80年代后期。我当时参与了《中国书法鉴赏大辞典》的部分撰稿，在收到出版社寄来的成书时，我意外发现《大辞典》中收录了张一麐一件《贯恂先生属题澹庐品泉图》的行草书，可惜这件行书作品只辑印了局部。第二年，我买到一套《民国时期书法》，才看到该件作品的全貌。其浑厚的中锋线条，雄秀的笔姿，纯正的气息，开张的结构，以及还带有很浓的颜体书风，已达到了相当高的境界，引起我对张一麐的关注。

后来，由恽茹辛编著，台湾商务印书馆出版的《民国书画家汇传》中，收录了他的条目,也看到对他书法的评价,真是惜墨如金,评语只有两个字"工书"。由于张一麐所处的时代是封建社会向近代社会的转型时期,他受过传统文化的濡染,又接受了西风东渐的新思想,重点关注国事与民生,把书法看作是文人的余事,但客观上都不自觉地走进了书法艺术殿堂,使他的书法不同凡俗。张一麐就是这样的一位书法家,他从来没有称自己是书法家,然而,他的书法却受到了很多人的关注与欣赏,索书者不绝。如郭沫若在《两次哭先生》一文中,写到向他索书的经过:"书斋的……上面还放着一张新写好的小条幅,是临的苏东坡的诗'天际乌云含雨重,楼头红日照山明。嵩阳居士今何在,青眼观人万里情',我说过可惜来得仓卒,没有备些纸头来请求墨宝,先生便很慷慨地把这张纸给了我。"同样,汪懋祖在《追念江左耆英张仲仁先生》中也有类似的回忆:"于昆明曾约同故友江小鹣为洗尘,先生精神如昔,为懋祖书'五岳寻山不辞远,万方多难此登临'一联,同时索书者二十余起,先生一一书之。"可见其书法在当时的影响非常之大。张一麐的书迹至今在苏州也能经常看到,如吾友卫知立的家里就经常悬挂着他的四屏条,在上方山麓的"越公井"圈上还留有他的题刻等。

关于张一麐书法艺术的记载与评论虽不多,但在他所著的《古红梅阁笔记》和《心太平室集》中还能找到他一些学书法的信息。他父亲张是彝，早年不求功名，而是留在家中"闭门授经，秋灯课子"，可知张一麐的书法启蒙自他的父亲。十六岁又随父亲赴任到保定，受到莲池书院山长张裕钊的"顾而异之"，从其深造，在书法上也得其指导。张裕钊是著名的书法家，融北碑南帖于一炉，《续艺舟双楫》称其"邓完白后一人，首列神品"，康有为誉其为"千年以来无与比"。张一麐在《古红梅阁笔记》中有一段回忆："廉卿（即裕钊）先生书名满天下……余卷评语，缀于一册，时时临摹。"可见张一麐把张裕钊对他的评语手迹作为自己临摹的范本，成为他书法进入造化争衡的起点。他十九岁时应顺天乡试入都，受到潘祖荫的赏识，次年去拜见潘祖荫时，受到其书法上的指导。《心太平室集》记载了这件事："余丙戌，谒公于米市胡同邸，丰颐渥丹，神采奕奕，教以篆书，须学石鼓，行书须临《书谱》。"应该说，经过两位书法大家的指点与熏陶，他的书法追求古气，行书和篆书并擅，碑与帖相融，功力更趋扎实，他逐渐形成了笔致秀厚，结构宽博的书写风格。

这次，苏州名人馆将在张一麐诞辰一百五十周年之际举办纪念活动，其家属拿出了张一麐的十一件书法作品，使我们有幸一睹其书法风采。

在他的行书作品中，有一幅写给徐子为的，落款是："子为吾兄自渝将东，出纸索书，即乞正腕，癸丑春日张一麐同客巴蜀，时年七十有七。"这一段落款留下了不少信息，使我追寻到他俩之间一段非常动人的故事。

徐子为（1906—1958），吴江人，出身于世代经商家庭。曾师从金松岑、章太炎学古文，擅诗文，南社社员。抗日战争爆发后，他只身经云南、贵州入四川，为黄炎培主持的募债委员会工作。以筹募抗日救国公债，多次潜返上海，从敌占区抢运物资到后方。当时他又接到要离渝去沪的命令，而同在重庆的张一麐也得知了这一消息，于是便引发了除夕夜访徐子为的故事。落款上的"癸丑春日"，是指"癸丑月"，泛指除夕夜。徐子为在《心太平室集》的跋中，明确点明张一麐到访之日是"岁除之夕"，即1943年2月5日。此夜的张一麐在整理文稿时，再也按捺不住内心的不安。原因是想到了自己放在香港的所有著述原稿已被毁于战火；想到了在香港时托人把这些著述的副本带到上海，此时上海已沦陷，这些副本能否得到存留还不确定；而况自己抱病在身，如果再不及时找回在上海的副本，一生的著述将化为乌有。这种深深的不安，使他急着要在除夕之夜赶到徐子为寓所，交待所要托付的事项。此事在徐子为《心太平室集》的跋中有详细的记录：

值废历岁除之夕，风雨萧然，灯火青荧，忽门外有剥啄声，启扉则我张丈仲仁也。予讶丈何蹀躞夜行，丈愀然曰：'将有以烦子。'既肃入，及嗫嚅曰：'平生述作初不自惜，晚蒐其遗得如干卷，其原稿与日记写本存港岛寓楼，陷敌后悉付之火，惟副墨昔为某君携沪，当尚得全。然某君将不获自全，我又何能托以全耶？子将之沪，试为索于某君所，果得之，善为我藏弆，他日中原北定，幸藉子之手以行于世'。

可以看出这是张一麐最后的请托，此后他就再也没有离开重庆，再也没有与徐子为相逢，于当年10月便离开了尘世。徐子为最终在上海找到了副本，给予妥善保管。在日本投降后，动用了很多社会力量将《心太平室集》遗稿出版行世。这段故事可以看到徐子为的守信与仗义，又可为张一麐庆幸，心愿得到了实现，同时还留下了当夜写给徐子为的这幅作品。

这幅行书立轴摘抄了曾国藩的《原才》篇，内容大意是，上位的人在风范、言论、态度等方面都会影响到同僚、下属与百姓，因此一定要谨言慎行，起到好的示范作用。这段话不仅表达了他个人社会实践中遵循的准则，同时也包含了对徐子为的期待。可以看出这件作品写得特别认真，笔笔中锋，铁画银钩，点画雅洁，结构稳健，风格正宗，展示出浓郁的书卷气息。应是一件心手两忘、清新自在的佳作。从中看出其精熟的笔墨根底与深厚的学识修养。

另一件行书作品写于同一年，上款是洗繁，即马洗繁（1894—1945），河北昌黎人，出身于官宦世家，曾任中央大学法学院院长，是民国年间全国著名的法学教授。马洗繁与张一麐在重庆同为参政会参政员，因而相熟。作品摘抄了《湘乡五箴序》，属励志内容。书写技巧纯厚精蕴，点画清劲洒脱，精神外曜，结构疏朗而匀整。古人所谓"书如其人"，在这件作品的笔触中流露了一种士气。

还有一件行书作品的落款是育群，育群是缪培南的号，缪培南（1895—1970），字经成，号育群，广东梅州人，毕业于保定军官学校，曾任国民革命军第八路军总指挥部参谋长，后选为国民党中央军委委员和中央委员。张一麐与缪培南的关系不详，但据记载，1939年缪培南曾弃职去了香港，张一麐这段时间也在香港，由此判定两人可能在香港见过面。因为缪培南是军人，于是张一麐选写了有感于淞沪战役的一首诗。这首诗选自他所写的《八一三倭寇淞沪后杂诗》计一百五十六首中的一首，诗曰："修罗降世率群魔，努目金刚没奈何。事到急时依佛脚，了无恐怖证维摩。"字面的意思是，修罗这个凶神下凡，带领一群恶魔，连努目金刚这个护法菩萨也拿它没有办法，事到急时抱佛脚毫无用处，只有虔诚修行，才能去除污染，证成佛果。实际这首诗的真正含义是通过这个比喻，对国民党在淞沪战役中的战术指挥毫无章法，造成七十五万将士死于战场表示了强烈的愤慨，同时也表达了他一贯的主张，只有全民团结，一致抗日，才能救中国的心声。张一麐的这首诗，借题发挥，别有寄托，采用了"言在此而意在彼，语不多而情无限"的手法，用参禅般的语言，抒发心中的磊块，把自己组织"老子军"的那种爱国情怀，抗日御侮的爱国思想，通过诗的譬喻形式曲折地表现出来，可谓用笔婉转，寓意深刻。同样，他的这幅书法作品，也是融情入书，突破规整，以遒劲、爽利、厚实的线条，纵笔挥洒，风凌秀出，独标古劲，气势开阔，在无意识中通过笔墨语言抒发出激动的真实情感。

再有一件行书，是写给作家陆丹林的小幅立轴。陆丹林（1897—1972），广东三水人，生于广州，侨居上海，著有《当代人物志》等十多部著作。他对这部人物志犹自看重，自称："我写史事立一原则，即宁抱缺憾于遗珠，毋贻讥于乱玉。"因此，这部《当代人物志》被称之为"文史椽笔"，张一麐也被收进了这部人物志。这幅作品的书写时间是在1939年10月，两人同在香港，陆丹林持其斋室的《红树室图》到张一麐居所索题，并索书小幅一件。这件作品应是张一麐当场写的一首即兴诗，未收入《心太平室集》，诗云："落魄香江唱大风，故山回首虎狼凶。剧怜红树污尘久，应请倪迂为洗桐。"诗的大意是，悲叹两人都落泊香港，只能吟诵刘邦的《大风歌》来怀念故土，思及日寇侵略之凶残，包括"红树室"的故土也被"污尘"糟蹋，其涌动在心间的愤怒,就像明代倪瓒所画的《洗桐图》一样,恨不得也能天天去洗刷。从诗中溢出的拳拳爱国之心,感天地,动鬼神。因此这幅作品一改过去悠雅的笔致,写得恣意而激越,犹如疾风劲草,气势超迈,有一股凛然正气显于笔端,借以表达作者此时的忧国情结。

他篆书作品有两件,都是小篆,遗憾的是这次没能看到他的大篆和金文。我在一些拍卖会上看到过他多件金文作品,如他临摹的"周井伯鼎"和他为复旦大学题写的"复旦丙寅年鉴"等,都具有典型的西周金文风格。在这次的两件小篆作品中,有一件是写给耿光将军的《阴符经》。耿光,原名杨杰(1889—1949),是著名的军事理论家、杰出的爱国民主人士。大家因尊重他,才以"字"相称。他十六岁考入云南武备学校,后由清政府选送日本士官学校深造,归国后参加了辛亥革命,投入护国运动,历任师长、军长、总指挥等职。由于他一直主张联俄、联共,反对蒋介石发动内战,最后走上了民主革命道路,成为反蒋阵线中的一名急先锋。1948年1月在香港成立了中国国民党革命委员会,他成为主要领导人之一,受到中共中央特邀出席第一届中国人民政治协商会议。可惜在赴京途中被国民党特务杀害,终年六十岁。1982年6月,中央人民政府追认杨杰为革命烈士。杨杰在西南是有绝对影响力的人物。抗战期间,杨杰经常在重庆等地发表联合各民主党派一致抗日言论，与张一麐有密切接触，这幅《阴符经》内含"强兵战胜之术"，才被张一麐摘录，为其补壁。

作品写于1931年夏，用的是大幅洒金磁青纸，写的是细笔小篆，俗称为"铁线篆"，其风格继承了唐代李阳冰的小篆特点。但他突破了一般铁线篆严格的平正匀称与刻板光滑，更多地流露出自己所追求的书写性，写出了瘦、挺、静、活的书写特点。他虽笔笔中锋，但在起笔处往往微露锋锷，方圆结合，运笔中稍有提按与起伏，远看线条依然粗细匀称、瘦劲松爽，近看则有粗细与动态的变化，在结构中也加强了擒纵开合，使他书写的小篆如垂柳之摇曳，似流云之舒展，细瘦清丽，静中见动，呈现一种疏散简淡之美。

另一幅小篆是写给心雅的对联，心雅是其字，本名浦拯东，生于1892年，无锡人，民国时期著名的金融家，在民国几家大银行担任董事，影响很大。从落款看，两人同客重庆，张一麐七十三岁由香港赴渝参加参政会，而心雅在抗战爆发后，任重庆市参议员、四行联合办事处贴放处长及交通、中国农民银行常务董事。两人经常有机会接触，才有此赠联。也正因为两人的关系不一般，在徐子为筹印张一麐《心太平室集》出现资金不足时，浦心雅也予以大力资助。篆书自古认为难于工整，汉唐以来作者屈指可数，今观其小篆法度严谨，匀静峻拔，线条已参金文笔意，可见到其中的大小篆融会贯通之意。运笔中锋，藏头护尾，使转带方，婉转流通，无偏颇靡弱之态，整幅写得劲挺、质实，显示其炉火纯青的篆书功力。

至于他的楷书，大都带有一点行意，也有很多带有碑味。这一幅对联上款为静斋。即是周士心（1923—？），名昭，号静斋，吴县（今江苏苏州）人，书画家，与张一麐是世交。其幼承家学，诗文书法得到父亲赤鹿公与伯父木天公的亲授。早期毕业于苏州美专，师从吴子深、吴似兰、张星阶、柳君然诸名家。

还有一件楷书礼联，落款赞之，即吴赞之（1917—1978），广西融安人，抗日将领，诗人。这件作品虽带有行书的笔意、颜字的气息，然其规整的结构、端严的气象，几乎可当作楷书来看。其行笔灵活干净，墨气和润，结构大度，气象开张，可以看出他已把触角伸入北碑之中，显得厚实劲健，疏朗稳妥，但总体上既不柔媚华丽，又不弩张剑拔，慢笔运行，显现的是一种清静的韵致、一种平和的大气，令人叹为观止。

综上对其主要作品的析读，可以看出他深厚的书法功力，不以书法为名，只把它视为文人必备的才能、人际交往必需的媒介。所以他对书法没有功利性，任情挥洒，没有半点矫揉造作，只是一种自然的流露，呈现的是一种心气平和、恬静自适的书卷气。我非常认同古人所说的"书如其人",书法本质上就是一种生命,各有一种自在的美。所以我们能从张一麐先生的作品中看到一种纯朴的美、一种独来独往的气概、一种峥嵘屹立的风骨,最终有如珠玉之辉、云霞之蔚,受到后人特别的尊重和欣赏。

张一麐与苏州地方志

陈其弟

张一麐（1868—1943），字峥角，号仲仁，一号民傭。光绪四年（1878），元和县学生。八年（1882），江南乡试第二名副榜贡。十一年（1885），顺天乡试第十名举人。二十九年（1903），经济特科考试复试名列一等第二名，发往直隶以知县用，补饶阳知县，未到任，保升署理天津府同知。历任浙江抚署秘书兼参事员，江苏抚署参事员，弼德院参议。1914年，任政事堂机要局局长。1915年，任教育部总长。1917年，任总统府秘书长。家住苏州城内吴殿直巷。

张一麐虽然历任政府官员，但是一直心系地方，特别是对于地方志书的编纂尤为关注。民国十一年（1922），为《黄埭志》作序。民国十五年（1926）为李根源《吴郡西山访古记》和李楚石《齐溪小志》作序。还曾亲自参与《民国吴县志》的后期编纂并为之作序。又为《吴郡地理志要》《沧浪亭新志》题签，资助《苏州府报恩塔寺志》刊印，名列赞助人第一。

从张一麐所写的几篇志书序文中，我们可以感觉到，他对地方志书的认识十分到位。他在《黄埭志序》中说："清儒章学诚有言：各郡邑宜设志科，以继太史采风遗意。吾苏诸君子，诚能各就市乡撰为志乘，以表吴中文史之盛，令后之学者有所观感兴起，浡为美风，岂不懿欤？"可见，他很推崇章学诚"各郡邑宜设志科的想法，认为如果苏州各乡镇都能编写地方志书的话，对于"吴中文史之盛"乃是美事一桩。在《民国吴县志序》开头，他就说："有清一代言方志之学者，首推会稽章实斋氏。"显然已经把章学诚奉视为方志学的权威，这与当今方志界的认识已无二致。在章学诚的眼里，哪怕是被志界一致公认的"名志"，比如范成大的《吴郡志》和王鏊《姑苏志》，也被"指摘疵类，几无完肤"。也就是说"以范文穆、王文恪之贤而能文，尚有不满人意之处"。因此，作为《民国吴县志》编纂者之一，张一麐深深体会到"甚矣，方志之难也"。

在切身感受地方志编纂之难的同时，张一麐在《民国吴县志序》中也提到了其他难处，比如因为县令的更迭、时局的动乱、总纂的先后离世、经费的不足等，都影响了志书的编纂进度、编纂质量和出版印刷。因此，《民国吴县志》从民国五年（1916）倡议编纂算起，到民国二十二年（1933）刊印，前后历时十七八年，最后还是靠预售和借贷，以及热心地方公益的诸君群策全力、义务劳动，才得以刊刻出版的。

张一麐除了关注地方志，也热心地方文化事业，在《民国吴县志》中，我们可以看到，他曾经撰写过《重建阙里分祠碑记》，也曾为《民国吴县志》总纂之一曹允源撰写墓志铭，为吴大澂侧室陈氏撰写墓志铭。在张一留《灵岩山志·杂记》中有一则关于《灵岩三僧图》¹长卷的记载，张一麐为此图作了题辞："馆娃宫址荆榛荒，灵岩胜迹归空王。智积化形已埋没，国妃建塔犹辉煌。韩公崇报殿基圮，继师鼓铸钟声鞳。劫火成尘屡兴废，华严弹指何堂堂。忆从黄檗传遗教，开山大会明遗老。饱阅沧桑三百年，崇垣金碧翻精妙。二师法力洵无俦，大收岚翠如环抱。肉身菩萨在苏州，缣素纷纷拜上头。无量光兼无量寿，香花供奉来夷犹。中兴退隐亦旁侍，灵山会上图形留。吁嗟乎修罗降世天魔舞，生公说法将谁语。愿我众生无恐怖，试看一片吴中干净土。"彰显了他对吴地历史文化的熟悉，同时也展示了其诗词才华。

另据一部有关东山的地方志《乡志类稿》记载，张一麐曾做过两件事可以载入史册，其一倡议建筑环湖公路，原文说："故邑绅张一麐倡议建筑环湖公路，展至太湖洞庭两山，而政府亦有洞庭为国家公园之说，未几，省、县间公路次第告成，自苏城至光福有苏福路经木渎，于东山则建设当局有望后路之规划。由京沪铁路之望亭站，经过光福、木渎、黄泸、渡村以达，东后山所须衔接者为木渎至东山段，计程二十八公里。弱惟我山人故步自封，未有闻风兴起者，识者憾焉。事虽未成，不可无志以俟方来。"可见，在苏福公路通车之前，张一麐已有建筑环湖公路的倡议，尽管

1　无锡王云轩绘。三僧者，印光大师及真达、妙真二师也。

因为种种原因,没有付诸实施,但是现在看来还是很有先见之明的。其二是在"七七"事变后,张一麐作为振华女子中学的校董,为学校迁校出力之事,原文称:"振华女子中学,在翠峰寺旁。二十六年九月,自苏城迁山,先由故校董张一麐氏商山中地址,为择唐武卫将军席温祠赁作校舍,就此肄业者七十余人。幽谷绝尘,为藏修佳处。与莫厘中学先后停办。"

附录:

吴县志序

有清一代言方志之学者,首推会稽章实斋氏。顾章氏为《吴郡志》《姑苏志》书后,指摘疵类,几无完肤。以范文穆、王文恪之贤而能文,尚有不满人意之处。甚矣,方志之难也。《吴县志》直接清乾隆初年,自乾嘉下讫宣统,时历七朝,岁阅百四五十载,地括吴长元三县、太湖、靖湖两厅,搜辑之夥,草创之艰,盖可知已。言其最近者,有同治《苏州府志》,第府志与县志一详一略,体例不同,况同治己巳至民国初元,亦已四十余年,其间变革,亦复不少。当民国五年(1916),赵君杏生佐吴县幕,言诸县长孙公少川,倡议续修。孙公旋量移不果。继任吴公秀之赓续前议，设局于沧浪亭，公推曹根荪、吴颖芝、蒋季和三先生为总纂，妙选时贤任分纂、采访诸事。十二年（1923），以费绌撤局。十三年（1924），添聘孔君康侯同任总纂，均义务职方。事之初所定条例，折中实斋之说，视旧志为谨严。绵历岁时，行将就绪，乃曹蒋两先生先后捐馆，吴先生亦于二十年（1931）春初，遽归道山。始终其事者，惟孔君一人耳。君以一麐粗知梗概，具牍前县长黄公云僧，令主其事。乃添延李君印泉、吴君鼎丞，与原在局中之孔君暨王君佩诤、施君济众、张君壬士为委员会，并聘郭君随庵为总编校，商酌体例，略有增损而不离其宗。因原稿复阅费时，于会外恳请陈君公孟、单君束笙更定数门，以期尽善。同人等以志稿初完，若不付刊，将饱蟫蠹，无以竟诸先达一篑之功。惟核计刊印纸工，全书八十卷，将及万元，而志局余存之款，只二千四百余元，除总编校及庶务薪金、抄录杂费外，两年中所余无多。因议售预约券，以千部为率，可以无绌。不意兵事影响，售券只什二三，而校印不可以中止，地方预算竭蹶，未忍为发棠之请，仅补领吴先生任内未领之款千四百元。承地方热心文献诸君之厚意，借贷巨款，指券价作抵，始得藏事。今幸全书出版有期，除预约券外，需加价十之六，以偿宿逋而资结束。一麐人事牵率，衰年多疾，未暇遍阅全书，赖郭君一手编校，丝毫不苟，又仗委员诸君群策群力，克底于成，使百五十年文献所关,得以传布。此区区所引为庆幸者也。名《吴县志》者,尊现制也。本拟将民国二十年大事别为一编,毛君羽满慨然担任,尚未竣功,不在此书范围以内,附记于此,以俟方来。

民国二十二年(19333)一月吴县张一麐序

齐溪小志序

出齐女门,有燕塘汇焉。汇分东西二泽,总名齐溪,古"北郭十子"所钓游也。李子楚石,生长于斯,有志于乡政,凡齐溪之教育、营建、振恤、廉察,苟有益于地方风化者,无役不从。比又搜辑方志,盱衡古先与治国闻者。王子佩诤,博综群书,泐成卷帙。使弹丸黑子,油然兴乡土之思,可不谓贤乎哉!《周官》:"乡大夫考其德行道艺,而兴贤者、能者。"孔子曰:"吾观于乡而知王道之易易也。"将欲移风易俗,修明政,教舍乡,其奚由乎?书成以示余,适余以疾久置,今病愈,书所见,归之任。印刷之资者,朱子绳孙,乐善敦笃,亦余戚也。例得附书,张一麐序。

黄埭志序

出望齐门迤北稍西卅余里,有镇曰黄埭,相传为楚相春申君筑堤堰水,故冠以姓。按《史记》:春申君初相楚,后请封于江东,孝烈王许之,因城故吴墟以为都邑。春申君相楚二十五年,其客朱英有言:名为相国,实楚王也。太史公当西汉时尚及见春申君故城宫室之盛，则二十五年中，凡有大兴作，皆以春申君名义行之，民安其业而去后思之，又奚足怪矣？吴淞之浦曰黄浦，故苏郡守之堂曰黄堂，皆此类也。黄埭之北界蠡河，蠡河者，《吴地记》谓范蠡伐吴而造此渎。吴中古迹，若蠡河、若蠡市、若蠡口、若蠡塘，皆以范蠡得名，正与黄歇之名埭相似。

黄埭自古无专志，董事朱君福熙等始为之，荜路蓝缕以诏方来，用力勤勤，使人油然增乡土友望扶持之重顾。余疑三闾大夫足未至吴境，何以立庙于黄埭，继而思之？楚怀王以六千人而为人役，其死也，天下哀之，故南公有三户亡秦之说。楚项籍尚立怀王之孙心以覆秦，彼屈平者谏怀王而不用，致沈汨罗。暨楚灭吴，春申封于其地，澧兰沅芷，馨香远闻，故为建庙于此，以志怀沙之痛。甚矣！情感之动人也。

清儒章学诚有言：各郡邑宜设志科，以继太史采风遗意。吾苏诸君子，诚能各就市乡撰为志乘，以表吴中文史之盛，令后之学者有所观感兴起，泺为美风，岂不懿欤？辄书所见以复之。

民国十一年（1922）六月
吴县张一麐序

吴郡西山访古记序

腾越李君印泉，以滇南奇杰为吴下宾萌。胥疏江湖，蝉蜕尘滓。循陔絜养，补广微之诗；涉园自娱，开泉明之径。琴樽高会，花鸟助其发皇；裙屐相要,渔樵相为唱和。陶陶然不知其为故将军真宰相焉。

君神观聪强,精力殊绝。凡轺车所历,斥候[1]所经,尝慕毕秋帆、阮芸台之为人,搜剔贞珉,提倡风雅,神游造化,足遍名山。文采炳于岩阿,芬芳溢于兰芷。比者脱离尘网,汗漫沧江。瞻古德之道场,访名贤之祠墓,鬼神感灵而来告,耆献敛手而交推,成《吴郡西山访古记》四卷。

夫孙兴公之遐想,只在山游;羊叔子之雅怀,惟耽岭眺。不过留连光景,摭拾芬华。君则苔径所经,必探夫贞石;芒鞋遍踏,痛恨乎发邱。树坊表于郑公之乡,禁樵采于展禽之垄。攀藤扪葛,补方志之阙遗;断碣残碑,披沉霾之姓字。遂使吴中文献昭若发矇,古代衣冠望而罗拜。凡斯风义,可格人天。仆少长里间,习闻风土,念桑梓敬恭之训[2],数典滋惭;历枌榆游钓之乡[3],执鞭欣慕。匪特艺林之渊汇,抑亦掌故之琳琅巳。敢疏崖略,以谂[4]方来。

民国十五年(1926)丙寅冬至后十日

张一麐

---

1 《永昌府文征》(云南民族出版社2005年版《高黎贡之子李根源》转引,下同)作"斥候",误。"斥候"语出《史记·李将军列传》,意为侦察、候望,亦指侦察、候望的人。
2 《永昌府文征》作"警恭",误。"敬恭桑梓"语出《诗经》,因为"桑梓"为父母所种,故应恭敬。后用作热爱故乡,尊敬故乡之人的典故。
3 《永昌府文征》作"游钧",误。
4 谂(shen):劝告。

张一麐与 1921 年江苏省议会议员选举

夏 冰

清末民初,在外来思想文化的逐步影响下,中国知识分子渴望强国富民的愿望与日俱增。在此背景下,一些有识之士,在博取了科举功名之后,并没有因此停滞不前,而是放眼四海,满怀理想,积极寻求适合中国发展的道路。他们之中有的人出身平凡,凭借自身的努力,在科举社会脱颖而出,又及时接受外来先进思想文化的影响,试图通过群体的努力,希望从政治、法制、文化、教育等诸多方面,来改变中国社会的旧貌。他们之所以大都选择法政、师范专业,进而或从政,或担任律师,或从事教育事业,是因为旨在追求民主、倡导法治、传播科学、启迪民智。

在 1912 年的国会选举中,贿选风行,但大多数知识分子深知自己手中的选票代表着更多人的利益,出于人格与良心的考虑,拒绝权利的诱惑,认为选举"主要之意义,在不以夺取为目的,所以保我固有之廉耻也"[1]。正因为如此,他们才更有资格代表民意。他们接近社会底层,较能代表广大基层民众的利益,因而比上层士绅更具备民众基础,可以称之为"平民知识分子群体"。

民国初年,苏州地方上的上层士绅群体仍凭借原有的权势地位、深厚背景、雄厚资财对地方主要公共资源进行垄断式管理,加之与地方官员勾结为既得利益集团,因此不能不激起

---

[1] 章慰高:《自述教育生活小史》,《苏州史志资料选辑》2006 年刊,200 页。

日益强大的平民知识分子群体的反抗。平民知识分子群体既利用自身的人际网络资源优势,努力突破地域的限制,往纵向提升自身的地位,又在地位提高的同时,敢于揭露地方行政的弊端,积极与地方上的既得利益集团相抗衡,从而为基层民众同时也为自身争取更多的权益,以期横向的突破与改变。

苏州平民知识分子群体的领袖们,不但善于利用地方组织以及群体的力量在本地占据一席之地,还不时与其他地方的利益集团进行较量。如江苏省第三届省议员的选举,南通张謇为他的儿子张孝若竞选省议员,居然不惜重金进行贿选,但他万万没想到竟然遭遇了一场选举诉讼。按照1912年9月4日公布的《省议会议员选举法》第四条规定,当选省议会议员者必须为年满二十五岁的男子。而张孝若1921年才二十三岁,未达到选举规定的年龄,所以当选应该属于无效。当年张謇在狼山观音阁求子,生下张孝若便出资建阁,有石刻碑记为证,真是想赖也赖不掉。虽然张謇很快平息了这场诉讼风波,但声名却因此而受损。1920年12月苏州人韩云骏组织成立第二届山塘市民公社并担任正社长一职,其实就是在曾朴[1]、方还[2]等人支持下为张一麐竞选第三届

---

1 曾朴,常熟人,曾任江苏省第一届省议员、清理官产处处长、财政厅厅长等职。
2 方还,昆山人,曾任北京师范学校校长、北京女子师范学校校长、江苏省长公署机要处秘书等职。

省议员争取选票而准备的[1],翌年8月张一麐成功当选省议员,韩云骏便立即辞去了市民公社社长的职务[2]。曾朴、方还、韩云骏等人之所以全力支持张一麐竞选省议员,就是想在本省树立一个只竞选不贿选的榜样,还想借助张一麐的个人声望来挫败南通张謇为他的儿子张孝若竞选省议员并贿选议长的阴谋[3]。

对于张一麐而言,他连省长都不愿意担任,对于省议长更是无意竞选。后来,张一麐之所以同意应选省议员,是因为苏州地方人士的屡屡劝驾,使他觉得乡情难却,只能答应。1921年9月25日,张一麐抵达家乡苏州。苏州总商会、教育会、农会、市乡董事会等十二个团体在留园召开欢迎会,欢迎张一麐回苏。此后,张一麐开始了服务桑梓的生活。

---

1 张一澧:《张一麐小传》,吴县市乡公报社1921年版,51—52页。
2 山塘市民公社致苏州总商会函,1921年,苏州市档案馆藏,I14-01-278-(006-007)。
3 吴琴一:《如是我闻"鲁男子"》,《常熟文史资料辑存》第五辑,70页。

图书在版编目（CIP）数据

吴中耆宿：张一麐文献展 / 曹俊主编 . — 苏州：古吴轩出版社，2018.1
ISBN 978-7-5546-1086-2

Ⅰ.①吴… Ⅱ.①曹… Ⅲ.①张一麐（1867—1943）—生平事迹 Ⅳ.①K827=6

中国版本图书馆CIP数据核字（2017）第329788号

责 任 编 辑：陆月星
见 习 编 辑：刘雨馨
装 帧 设 计：刘雨馨
责 任 校 对：靳晓虹
责 任 印 刷：李雪莹

书　　　名	吴中耆宿——张一麐文献展
主　　　编	曹　俊
出 版 发 行	古吴轩出版社
	地址：苏州市十梓街458号　　邮编：215006
	Http://www.guwuxuancbs.com　　E-mail:gwxcbs@126.com
	电话：0512-65233679　　传真：0512-65220750
出 版 人	钱经纬
印　　　刷	苏州市深广印刷有限公司
开　　　本	787×1092　1/16
印　　　张	8.75
版　　　次	2018年1月第1版　第1次印刷
书　　　号	ISBN 978-7-5546-1086-2
定　　　价	98.00元

如有印装质量问题，请与印刷厂联系。0512-65517026